*Muse, sage mir die Werke der goldenen
Aphrodite, Herrin auf Kypros; süßes Verlangen
weckt sie den Göttern, überwältigt der
sterblichen Menschen Geschlechter, die Vögel
hoch in den Lüften, die Scharen der Tiere, aller
zusammen, mag sie das Festland, mag sie das
Weltmeer zahllos ernähren: jedes buhlt um die
Gnaden der schön bekränzten Kytherea.*

Homerische Hymnen 5, 1- 6

Bibliografische Information der Deutschen Nationalbibliothek:
Die Deutsche Nationalbibliothek verzeichnet diese Publikation in der Deutschen
Nationalbibliografie; detaillierte bibliografische Daten sind im Internet über
www.dnb.de abrufbar.

Gestaltung und Copyright © 2024 Eva Wittmann
Umschlagbild: Lucas Cranach d. Ä.: Venus und Cupido (ca. 1526)
Verlag: BoD · Books on Demand GmbH, In de Tarpen 42, 22848 Norderstedt
Druck: Libri Plureos GmbH, Friedensallee 273, 22763 Hamburg

ISBN: 978-3-7693-0998-0

Muse, sage mir die Werke der goldenen Aphrodite

Ein Streifzug durch die Geschichte der erotischen Literatur

Herausgegeben von Eva Wittmann

Venus und Adonis. Joachim Wtewael, Anfang 17. Jahrhundert.

INHALT

Vorbemerkung

Ganz nach dem Motto: »Die Liebe ist das attische Salz des Genusses«, orientiert sich die Auswahl der in diesem Buch vorgestellten Texte an ihrer Fähigkeit, Stationen einer historischen Entwicklung auszumachen und gleichzeitig eine durch und durch positiv erlebte Sexualität in den Vordergrund zu stellen. Schon in der Antike haben sich Dichter und Schriftsteller mit dem Verfassen erotischer Texte beschäftigt, wie Sappho und Ovid in ihrer Liebeslyrik oder die vielen unbekannten Autoren einer dichterischen Gattung, die sich ausschließlich dem geilen Sexgott Priapos widmet. Spätere Autoren knüpfen gern an die unverhohlene Freizügigkeit der Antike an, wie Nicolas Chorier in den *Gesprächen der Aloisia Sigaea,* oder heben das Literarisch-Lyrische hervor, so Pierre Louÿs in seinen feingestimmten *Liedern der Bilitis.*

Mit dem Einsetzen der Renaissance nehmen sich Dichter der reizvollen Gratwanderung zwischen Lust und Sünde an, antiklerikale Werke revoltieren gegen die Sittenstrenge des Mittelalters. Im *Decamerone* pulsiert florentinische Lebenslust, mit Witz schreibt Boccaccio »Vergnügen« groß. Derber geht es in den unzüchtigen Sonetten des Pietro Aretino zu. Später ist es Jean-Baptiste de Boyer, der mit *Thérèse philosophe* eine spirituelle Durchdringung ganz besonderer Art beleuchtet. Die große Stunde der erotischen Literatur schlägt im Barock. Das Liebesleben in der galanten Ära ist unbefangener denn je. Ungeniert lebt Casanovas geliebte Nonne M. M. ein libertines Doppelleben und eilt vom Kloster zum heimlichen Rendezvous. Auch Clelands *Fanny Hill* weiß die Spielarten der Liebe selbstbewusst zu genießen. Ein großer Förderer weiblicher Lust ist Mirabeau. Mit *Lauras Erziehung* setzt er sich sowohl für die sexuelle Freiheit als auch für die unbedingte Verbindung zwischen geistiger und körperlicher Liebe ein. Noch Goethes Liebesabenteuer in Italien profitiert vom frischen Wind der Libertinage. Selbiger weht auch während der Lehr- und Wanderjahre von Schillings denkwürdigem Herrn von H.

Gegen viktorianisch proklamierte Prüderie im 19. Jahrhundert rebellieren Frank Harris und Oscar Wilde mit offenen, unverklemmten Worten. Genauso ehrlich und echt wagt sich Walt Whitman vor. In seinem Gedichtzyklus *Leaves of grass* geht es um Entgrenzung, Intensität und immer wieder um innere Freiheit. Innere und äußere Befreiung sind auch in der ungleichen Verbindung Connies mit dem Wildhüter Mellors das große Thema. In D. H. Lawrence' spektakulärem Liebesroman *Lady Chatterley* begegnen wir Anfang des 20. Jahrhunderts der erneuernden Urkraft Eros in Reinform. Äußerlichkeiten treten in den Hintergrund, innerer Gleichklang trägt die Liebenden. Wichtigste Voraussetzung für sexuelle Erfüllung sind Vertrauen und wortlose Verständigung.

Obwohl vorwiegend westliche Autoren zu Wort kommen, werden auch Texte aus den viel älteren Kulturen des Ostens vorgestellt, wo Sexualität mehrere Jahrtausende lang weitgehend frei von Schuldgefühlen blieb, oft sogar der Weg zum Himmel war. Dieser unschätzbare Quell der Weisheit schlägt sich in alten Liebeslehrbüchern nieder, wie dem *Kamasutra* oder dem *Duftenden Garten des Scheik Nefzaui*.

Natürlich soll erotische Literatur die Libido ankitzeln. Die Lust, die dieser Streifzug durch das Hoheitsgebiet der Aphrodite hoffentlich zu bereiten vermag, findet zusätzlich Anregung durch Illustrationen aus den verschiedensten Kulturen und Epochen. Zum Glück standen den Giftschränken der Zensoren immer wieder Sammler gegenüber, deren Liebhaberei oder Obsession wir es zu verdanken haben, dass einst verpönte Kunst heute offen zu bewundern ist.

Bacchus, Gott des Rausches und der Ekstase, reicht Venus die Trauben symbolisch für den Wein, der seit jeher der Erweckung sexueller Begierden dient. Ihr kleiner Begleiter Amor (griech. Eros) hält schon die brennende Fackel, die in Göttern und Menschen das Feuer der Liebe entfacht. Hendrik Goltzius, um 1600.

1.

Antike Liebesgesänge

Purpurn hub sich empor tief aus des Oceans
Schooß ein Jüngling, das Haupt strahlend
mit goldenem Haar, die Sonn', und sein erster
Blick war flammender Liebesgruß.

Chorgesang aus »Eros und Psyche«
Christian Graf zu Stolberg, 1787

Als Lieblingsmotiv der Bildhauer und Maler büßten Amor und Venus viel von ihrer mythischen Gewalt ein. Vor allem Amor, den die ältesten Dichter noch den »Schrecklichen« nannten. Schon in der Antike wurde er verniedlicht dargestellt und seit dem Barock sogar zum kleinkindähnlichen Putto stilisiert, seine Macht über die Menschen bleibt freilich ungebrochen. Jacob de Backer, 1585.

Wem fällt nicht zuerst Venus ein, wenn es um Lust und Liebe geht. Keine Gottheit ist häufiger abgebildet worden als sie. Dabei hat eigentlich ihr kleiner Sohn Amor es verdient, zuerst genannt zu werden. Seine griechische Entsprechung Eros ist in fast alle Sprachen eingegangen. Eros, die Macht der Liebe, war für die Griechen mindestens so alt wie Gaia, die Mutter Erde. Eros war es, der die Erde in Liebe zu Uranus, dem Himmel, entbrennen ließ und damit die Schöpfung erst vollendete. Aus der Verbindung von Himmel und Erde ging das Geschlecht der Titanen hervor, das sowohl Götter wie Menschen zeugte.

Auch Aphrodite, die griechische Verkörperung der römischen Venus, ist älter als alle anderen Götter. Sie entstieg dem Schaum, in den der Samen des Uranus sich verwandelte, nachdem sein Sohn, der Titan Kronos, ihn entmannt und sein Geschlechtsteil ins Meer geworfen hatte. In Zypern wurde die Göttin an Land getrieben und machte es so zu einer heiligen Insel. In der klassischen Zeit Griechenlands zählte Aphrodite zum erlauchten Kreis der Zwölf auf dem Olymp. Ihre Macht bestand darin, dass sie Götter wie Sterbliche in den Bann der Liebe schlagen konnte, - ob sie es wollten oder nicht. Zugleich war sie die Schutzgöttin der Liebenden. Zeus-Vater selbst musste sie bei seinen zahlreichen Affären immer wieder um Hilfe bitten, und die Sterblichen flehten Tag für Tag um ihren Beistand. Eine der ältesten und schönsten Bitten an Aphrodite hat Sappho, die große Lyrikerin der Antike, verfasst.

Aphrodite. Allmächtige komm vom Äther herab...
zu deinem Tempel. einst von Kretern erbaut.
Unter den Apfelbäumen des heiligen Hains.
als sie dir Opfer brachten auf den Altären.
schwelten damals der kühlenden Quelle entlang
Wolken von Weihrauch.

Immer noch rinnt das Wasser. von Zweigen beschattet.
zum Garten hinab und tränkt mir die Rosen der Laube.
wo ich voll Seligkeit, während sie lautlos entblättern,
Kypris erwarte.
Drüben. dort auf der Weide tummeln sich Pferde.
grasen im Klee und in den reifenden Ähren.
Süßer Geruch von Blumen weht von der Wiese
hierher zu mir.
Göttin der Liebe! Empfange mein Blumengebinde.
Komm und erscheine uns. Fülle die goldenen Schalen.
mische mit Nektar den Wein und schenke uns eine
himmlische Freude.

Lied auf einer Scherbe

*Die griechische Insel Lesbos gab dem Lesbentum den Namen. Dort lebte um ca.
600 v. Chr. die Dichterin Sappho mit ihren Freundinnen, deren Schönheit sie in
ihren Liedern besingt. »Sappho und Erinna«. Simeon Solomon, 1864.*

Schon Platon war von Sapphos empfindsamer Poesie so angetan, dass er sie die 10. Muse nannte. Ebenso glühend wurde sie von Pierre Louÿs verehrt, ein Meister der erotischen Literatur Frankreichs. Im Jahre 1894 erschienen die »Lieder der Bilitis« unter Vorgabe, Übersetzungen aus dem Werk einer bislang unbekannten griechischen Dichterin zu sein. Tatsächlich konnte Louÿs die Kritik täuschen. Die 143 Prosagedichte und drei Inschriften, angeblich ein Fund aus einer Grabstätte auf Zypern, hätten sowohl stilistisch als auch der sinnlich-mythischen Naturverbundenheit nach, leicht aus dem Kreis der Freundinnen stammen können. Das äußerst feingestimmte Werk regte immer wieder andere Künstler an. Claude Debussy hat einige Lieder vertont und noch in den Siebzigern inspirierten sie David Hamilton zu seinem berühmten Film »Bilitis«.

Wachtel, du Vogel der Kypris, singe mit unseren ersten Begierden! Der jugendliche Körper der jungen Mädchen bedeckt sich mit Blumen wie die Erde. Die Nacht unserer Träume naht und wir sprechen davon unter uns.

Zuweilen vergleichen wir miteinander unsere so verschiedenen Schönheiten, unsere schon langen Haare, unsere noch kleinen Brüste, unsere Geschlechtsteile, die rund sind wie Wachteln und unter wachsendem Gefieder versteckt.

So nahm ich es gestern mit meiner älteren Schwester Melanthô auf. Sie war stolz auf ihre Brust, die ihr in einem Monat gewachsen war; und auf meine flache Tunika zeigend nannte sie mich: kleines Kind.

Kein Mann konnte uns sehen; wir entkleideten uns völlig vor den Mädchen. Und wenn sie in einem Punkte Siegerin war, so war ich in den anderen ihr weit über. Wachtel, du Vogel der Kypris, singe mit unseren ersten Begierden! (...)

Auf dem weichen Grase, zur Nachtzeit, haben die Mädchen mit den Veilchenhaaren getanzt und eine von zweien gab die Antworten des Liebhabers.

Die Jungfrauen sagten: »Wie sind nicht für euch.« Und als ob sie sich schämten, verbargen sie ihre Jungfräulichkeit. Ein Aegipan spielte unter den Bäumen die Flöte.

Die anderen sagten: »Ihr werdet kommen uns suchen.« Sie hatten die Kleider eng eingezogen wie die Tuniken der Männer und sie kämpften schwächlich miteinander, indem sie ihre tanzenden Beine miteinander vermengten.

Dann nannte jede sich besiegt, nahm ihre Freundin bei den Ohren, wie man einen Becher bei den Henkeln fasst, und trank den Kuss von ihren Lippen. (...)

Komm, wir wollen auf die Felder gehen, unter die Holunderbüsche; wir werden Honig aus den Körben essen; aus den Goldwurzstengeln wollen wir Heuschreckenfallen machen.

Komm, wir wollen Lykas aufsuchen, der auf den schattigen Hängen des Taurus die Herden seines Vaters hütet. Sicherlich wird er uns Milch geben. Ich höre schon den Schall seiner Flöte. Er ist ein geschickter Spieler. Hier sind die Hunde und die Lämmer, er selbst steht dort an den Baum gelehnt. Ist er nicht schön wie Adonis?

Wenn unsere Vorfahren in der Abenddämmerung oder in der Nacht Flötentöne hörten, so wussten sie, dass solche Töne oft zu geheimen Riten und Weihen riefen, Kulte, in denen die Sexualität noch als etwas Göttliches angesehen wurde, ganz besonders im Dionysoskult (röm. Bacchus). Zum Gefolge des Dionysos gehörte der musizierende Hirtengott Pan mit seinen Bocksbeinen und Hörnern. Er war dem Wein zugetan und der Sinn stand ihm nach sexuellen Vergnügen. Hier lehrt Pan den Hirten Daphnis das Flötenspiel. Römische Marmorskulptur nach dem griech. Original aus dem 3. Jh. v. Chr. Archäologisches Museum Neapel.

O Lykas, gib uns Milch. Hier sind Feigen von unseren Feigenbäumen. Wir wollen bei dir bleiben. Bärtige Ziegen, hüpfet nicht, um nicht die unruhigen Böcke zu reizen.

Nicht für Artemis, die zu Perge verehrt wird, ist dieses Gewinde, das meine Hände geflochten, obgleich Artemis eine gütige Göttin ist, die mich vor schwerer Entbindung bewahren wird.

Es ist auch nicht für Athena, die in Side verehrt wird, obgleich sie aus Elfenbein und Gold ist und einen Granatapfel in der Hand trägt, welcher die Vögel anlockt.

Nein, es ist für Aphrodite, die ich in meiner Brust verehre; denn sie allein wird mir geben, was meinen Lippen fehlt, wenn ich mein Gewinde von zarten Rosen an dem geheiligten Baum aufhänge.

Aber ich werde nicht laut sagen, was ich mir von ihr erflehe. Ich werde mich auf die Fußspitzen erheben und werde durch den Spalt der Baumrinde ihr mein Geheimnis mitteilen.

Das Gewitter hat die ganze Nacht gedauert. Selenis mit den schönen Haaren war gekommen, um mit mir zu spinnen. Aus Furcht vor dem Kote ist sie bei mit geblieben. Wir haben die Gebete angehört und sanft aneinander geschmiegt haben wir mein kleines Bett ausgefüllt.

Wenn die Mädchen zu zweien schlafen, bleibt der Schlaf vor der Tür. »Bilitis, sage mir, wen du liebst.« Sie ließ ihr Bein auf das meinige gleiten, um mich sanft zu liebkosen.

Und sie sagte, Mund an Mund: »Ich weiß Bilitis, wen du liebst. Schließe die Augen, ich bin Lykas.« Ich antwortete, indem ich sie berührte: »Sehe ich denn nicht, dass du ein Mädchen bist? Du scherzest zur Unzeit.«

Aber sie fuhr fort: »Wahrhaftig, ich bin Lykas, wenn du die Augen schließest. Hier seine Arme, hier seine Hände ...« Und in der Stille der Nacht täuschte sie zärtlich, durch einen seltsamen Wahn, meine holde Träumerei. (...)

Zum Tag der Hyazinthien schenkte er mir eine Syrinx-Flöte, gemacht aus geschickt geschnittenen Schilfrohren, die mit weißem Wachs verbunden waren, welches meinen Lippen lieblich ist wie Honig.

Ich sitze auf seinen Knien und er lehrt mich spielen; aber ich bin ein wenig verwirrt und zittere. Er spielt nach mir, so sanft und leise, dass ich ihn kaum höre.

Wir haben uns nichts zu sagen, so sehr sitzen wir knapp aneinander geschmiegt; aber unsere Lieder wollen einander antworten und unsere Lippen berühren sich auf der Flöte.

Es ist spät; mit der Nacht beginnt der Ruf der grünen Grillen. Meine Mutter wird niemals glauben wollen, dass ich so lange ausgeblieben bin, um meinen verlorenen Gürtel zu suchen.

Er sagte mir: »Heute Nacht habe ich geträumt. Ich hatte dein Haar um meinen Hals gewickelt. Ich hatte dein Haar wie ein Halsband um meinen Nacken und auf meiner Brust.

Ich streichelte das Haar, es war das meinige. So waren wir durch dasselbe Haar für immer verbunden, Mund auf Mund, gleichwie zwei Lorbeerbäume oft nur eine Wurzel haben.

Und allmählich schien es mir, so sehr waren unsere Glieder ineinander verflochten, dass ich du selbst wurde und dass du in mich eindrangst wie mein Traum.«

Als er vollendet hatte, legte er sanft seine Hände auf meine Schultern und er betrachtete mich mit einem so zärtlichen Blick, dass ich zitternd die Augen niederschlug.

Lykas sah mich kommen, bloß mit einer kurzen Exomis bekleidet, denn die Tage sind drückend heiß; er wollte meine entblößte Brust modellieren.

Er nahm frische Tonerde, die er in kühlem Wasser knetete. Als er sie auf meine Haut drückte, glaubte ich umzusinken, so kalt war diese Erde.

Aus der Form meiner Brust machte er einen Kelch, einen runden, nabeligen Kelch. Er setzte ihn an die Sonne zum Trocknen und bemalte ihn rot und gelb, indem er ringsumher Blumen presste.

Dann gingen wir zur Quelle, welche den Nymphen geweiht ist und wir warfen den Kelch mit Nelkenstengeln zugleich ins Wasser.

Wenn die Nacht zum Himmel emporsteigt, gehört die Welt uns und den Göttern. Wir gehen von den Feldern zur Quelle; von den bunten Gehölzen zu den Lichtungen, wo unsere nackten Füße uns hinführen.

Szene aus einer der schönsten und aufwendigsten Ausgaben der »Lieder der Bilitis«, illustriert von den französischen Art Déco-Künstlern George Barbier und François-Louis Schmied mit viel Sinn für die mystischen alten Kulte, 1922.

Die Sternlein funkeln genügend für die kleinen Schatten, die wir sind. Zuweilen finden wir unter den niederhängenden Zweigen schlafende Hirschkühe.

Doch lieblicher zur Nachtzeit als alles andere ist ein Ort, uns allein bekannt, der uns anzieht durch den Wald; ein Gebüsch von geheimnisvollen Rosen.

Denn nichts ist so köstlich auf Erden, als der Duft der Rosen zur Nachtzeit. Wie war es möglich, dass ich zur Zeit, als ich allein war, mich davon nicht berauscht fühlte?

19

Zuerst antwortete ich nicht, meine Wangen brannten in Schamröte und das stürmische Pochen meines Herzens tat meinen Brüsten weh.

Dann wehrte ich mich und sagte: »Nein, nein!« Ich wandte den Kopf weg und sein Kuss kam nicht über meine Lippen und seine Liebe nicht über meine zusammengepresste Knie.

Da bat er mich um Verzeihung, küsste mich auf die Haare, dass ich seinen heißen Atem fühlte. Dann ging er ... Jetzt bin ich allein.

Ich betrachte den leeren Platz, das verödete Gehölz, den zertretenen Rasen. Und ich beiße meine Hände blutig und ersticke meine Schreie im Grase. (...)

Jetzt suche ich ihn allnächtlich auf. Leise verlasse ich das Haus und gehe einen langen Weg, bis zu seiner Wiese und betrachte ihn, den Schlafenden.

Manchmal bleibe ich lange da, ohne zu sprechen, glücklich durch seinen bloßen Anblick, und ich nähere seine Lippen den meinigen, um nur seinen Hauch zu küssen.

Dann werfe ich mich plötzlich über ihn. Er erwacht in meinen Armen und er kann sich nicht mehr erheben, denn ich ringe. Er verzichtet, er lacht und umfängt mich. So spielen wir in der Nacht.

Rechts: Griechische Gastmähler waren den Männern vorbehalten. Typische Szene auf einer Trinkschale aus klassischer Zeit, ca. 450 v. Chr.

Platon hatte nicht nur eine Vorliebe für Sapphos Verskunst, sondern auch eine ganz spezielle Beziehung zu Eros. Etwa 200 Jahre nachdem die Dichterin sich den Liebesgöttern verschrieben hatte, verfasste der Philosoph sein berühmtes *Symposium*. Bei jenem denkwürdigen Gastmahl hielten die Teilnehmer der Reihe nach Reden über die Erotik. Dem Komödiendichter Aristophanes legt Platon den eigens erfundenen Mythos vom Kugelmenschen in den Mund. Demnach hatten die Menschen ursprünglich vier Arme, vier Beine und einen Kopf mit zwei Gesichtern. Zur Bestrafung für ein Vergehen zerlegte Zeus die Kugelmenschen in zwei Hälften. Die Sehnsucht nach der einstmaligen Ganzheit, der Rückkehr zum Urzustand, zeige sich in Gestalt des erotischen Begehrens. Als Höhepunkt des Abends ergreift Sokrates das Wort. Er berichtet von einem Gespräch mit der Priesterin Diotima, eine weise Frau mit seherischer Kraft, die ihn selbst in Liebessachen unterrichtet habe. Aus der antiken Priesterin spricht Platons eigenes Verständnis der Erotik: Der Weg beginnt mit der spontanen Begierde nach einem einzelnen schönen Körper und endet mit der würdigsten Schau des »Schönen an sich«.

Alkibiades stört zu später Stunde das Gastmahl der gelehrten Männer.
Radierung von Pietro Testa, 1648.

Nun bitte ich dich um deine ganze Aufmerksamkeit! Wer in den Mysterien der Liebe so weit gekommen ist, dass er eine so richtige Philosophie des Schönen erlangt hat, der ist der letzten Einweihung nahe. (...) hier, lieber Sokrates, wo der Mensch zum Anblick der ursprünglichen Schönheit selbst gelangt ist, wird sein Leben erst ein wahres Leben. Diese Schönheit – gelingt dirs einst, sie zu schauen – wird dir in einem weit herrlicheren Lichte erscheinen als Gold und Kleider, und Knaben und Jünglinge - Gegenstände, deren Anblick dich doch schon so entzückt, dass du und viele andere, welche diese Gegenstände ihrer Neigung unaufhörlich beschauen, und, von ihnen unzertrennlich sind, wenns möglich wäre, ohne zu essen und zu trinken, in

unaufhörlicher Anschauung verloren, mit ihnen auf immer un-
zertrennlich vereinigt zu werden wünschet.

Was muss es erst werden, wenn einem das Glück widerfährt, die
Urschönheit selbst, echt, rein, unvermischt, nicht verbunden mit
körperlicher Masse oder Farben oder andern vergänglichem
Tand, sondern in ihrem göttlichen Glanze, in der ganzen Reinheit
ihrer Form zu erblicken?

Glaubst du nicht, dass ein solcher Anblick, wo der Mensch das,
was er eigentlich soll, gleichsam von Angesicht zu Angesicht
schaut, und sich innig mit ihm vereint, sein Leben beneidenswert
machen müsse? Glaubst du nicht, dass er dann, wenn ihm dieser,
einzig auf diese Art mögliche, Anblick der Urschönheit zuteilge-
worden ist, große Taten erzeugen müsse, die nicht bloß Schatten-
bilder von Tugenden sind, weil sie ihr Dasein nicht einer
Vereinigung mit einer Truggestalt zu danken haben, sondern
wahre wirkliche Tugenden, aus der Verbindung mit der wahren
Urgestalt entsprossen? Sind aber durch diesen überirdischen
Anblick wirkliche Tugenden in einem Menschen erzeugt und von
ihm zur Reife gebracht worden, dann ist er ein Liebling der
Götter; und ein solcher - wenns irgendeines Sterblichen Los ist -
ist der Unsterblichkeit Erbe.

Der Abend endet, indem Alkibiades, einer der schönsten Männer
Athens, betrunken in die Runde stürmt. Alle seine Versuche, den
begehrten Sokrates sexuell zu verführen und von sich abhängig
zu machen, waren trotz beidseitiger erotischer Anziehung, kläg-
lich gescheitert, da dessen Ideal die geistig-seelische Verbindung
war. - Nun, die meisten der alten Griechen waren eben doch nur
Menschen. »Wer sich sittenrein bewahrte, den floh man wie einen
Unreinen!« weiß Nicolas Chorier in den »Gesprächen der Aloisia
Sigaea« zu berichten.
Lykurg, der einige hundert Jahre vor Sokrates der Gesetzgeber

Der androgyne Mensch, halb Knabe, halb Mädchen, hat bis heute nichts von seiner Anziehungskraft eingebüßt. Tatsächlich soll der Mensch in ferner Urzeit einmal zweigeschlechtlich gewesen sein. In vielen Schöpfungsmythen wird er als Zwitter-wesen beschrieben. Im Homerischen Epos ist Hermaphrodit ein Spross des Hermes und der Aphrodite. Zeus selbst hatte dem verliebten Götterboten zu einem Stelldich-ein verholfen, indem er Aphrodite unerkannt eine ihrer goldenen Sandalen entwendete und darauf bestand, dass sie diese nur gegen eine Nacht mit Hermes einlösen könne. »Hermaphrodite«. Francesco Bartolozzi, Punktstich 1770.

der Lakonier war, erklärte demnach, niemand könne ein tüchtiger Bürger sein, der nicht einen Freund zum Beischläfer habe. Er habe die Jungfrauen sich nackt vor aller Augen auf der Schaubühne zeigen lassen, damit die Männer durch den freien Anblick abgestumpft würden und nicht mehr den Stachel der Liebe empfänden, der sie von Natur zum weiblichen Geschlecht treibe, sondern mit erhöhter Glut sich ihren Freunden zuwendeten. *»Da nun die Mädchen und Frauen sich, wenn sie nur ihre weiblichen Reize darzubieten hatten, vernachlässigt sahen, die einen durch ihre Liebhaber, die andern durch ihre Gatten, in deren Häuser sie durch die Ehe eingetreten waren, so ließen sie sich dazu herbei, die Stelle von Knaben zu vertreten. Dieser Wahnsinn wurde zu einer solchen Höhe getrieben, dass man zu dieser Gefälligkeit, zu der die verheirateten Frauen sich schon herbeigelassen hatten, sogar schon die Neuvermählten in der Brautnacht zwang. So hatte der Gatte abwechselnd einen Knaben und ein Mädchen in seiner Frau und die beiden Geschlechter waren in einem und demselben Körper vereinigt.«*

Die Schönheit des weiblichen Hinterteils wurde von den alten Griechen entsprechend gewürdigt. Es gab sogar öffentliche Wettbewerbe. Auf einen solchen geht die »Venus Kallipygos« zurück. Athenaios erzählt die Geschichte zweier Schwestern aus Syrakus. Sie stritten sich auf der Landstraße, welche von ihnen den prächtigeren Hintern habe. Ein vorbeigehender Jüngling wurde aufgefordert, als Schiedsrichter darüber zu entscheiden. Er verfiel der älteren Schwester und heiratete sie, aber nicht, bevor sein Bruder beschlossen hatte, sich mit der jüngeren zu vermählen. Die Mädchen, die durch die Ehen reich geworden waren, errichteten aus Dankbarkeit einen der Venus geweihten Tempel in Syrakus. Die dort aufgestellte Statue trägt den Beinamen »Kallipygos« (die mit dem schönen Hintern).

Die »Venus von hinten« scheint eine der Lieblingsstellungen in der Antike gewesen zu sein. Laut Lukrez glaubte man, die Art, wie die Tiere sich begatten, erleichtere eine Empfängnis, sofern die Frau sich nicht zu geilen Bewegungen hinreißen lasse. »Dieses wissen die Dirnen, indem sie sich solcher bedienen, um die Empfängnis zu hindern und mehr noch die Wollust zu reizen.« Eine akrobatische Variante der Praktik gehörte später zu den 16 berühmten Liebesposen *I modi*, die Giuliano Romano auf eine Wand im Vatikan malte, weil Papst Clemens mit der Bezahlung im Verzug war. Marcantonio Raimondi hat sie auf Stiche übertragen und zusammen mit anzüglichen Sonetten von Pietro Aretino 1527 in Venedig veröffentlicht. Raimondi wanderte darauf ins Gefängnis, und das Buch wurde auf den Index gesetzt. Die Antike hingegen war gegenüber pikanter Kunst sehr tolerant, selbst wenn die Urheberin eine Frau war. Schon Elephantis hatte sich die Mühe gemacht, alle Arten des Liebesgenusses bildlich darzustellen, um Liebenden eine gemalte Anleitung zu geben. Kaiser Tiberius soll sich des Buches bei der Ausstattung seines Schlafzimmers bedient haben. Die Verwendung der Dekoration beschreibt ein Gedicht an den Sexgott Priapos:

Obszöne Bilder aus der Elephantis Buch
bringt Lalage dem Gott mit dem steifen Phallos dar
und bittet ihn um einen gütigen Versuch,
denn was die Bilder zeigen, kann sie wunderbar.

Auch die griechische Autorin Philainis hat ihr Werk der Vielfalt phantasievoller Stellungen gewidmet, - so beeindruckend, dass sie in Goethes *Römische Elegien* einging. Dass die Töchter der Aphrodite ein gesundes Selbstbewusstsein hatten, davon zeugt schon Aristophanes´ Komödie *Lysistrata* (411 v. Chr.). Seiner

Eine der »Stellungen des Aretino« - so werden sowohl einige seiner Sonette, als auch die Stiche von Raimondi bezeichnet. Von den ursprünglichen Stichen sind nur wenige Fragmente erhalten geblieben, da der Papst die Druckplatten vernichten ließ. Das änderte freilich nichts am Erfolg der Koproduktion. Schon bald begann ein lukrativer Handel mit Nachahmungen, zu denen diese von Agostino Carracci gehört.

Titelheldin legt er die Worte in den Mund: »Frauen steigen gern auf den Rücken der Pferde und bleiben dort.« Martial entwirft später eine anschauliche Szene dazu. »Hinter den Türen masturbierten die phrygischen Sklaven immer, wenn Andromache ihren Hektor in der Reitstellung bestieg.« Als »Hektors Pferd« sicherte sich die zweite Lieblingsstellung der Antike denn auch ihren Platz in der römisch-griechischen Geschichte. Doch begleiten wir Nicolas Chorier nach Rom. Tullia, die ihrer Cousine Octavia amourösen Nachhilfeunterricht gibt, hat sich ebenfalls eingehend mit den Liebesstellungen befasst.

Wahnsinnige Sachen haben diese schwerfälligen pedantischen Philosophen ausgeklügelt. Geradezu blödsinnige Vorschriften haben sie gegeben! Lache, Octavia. Sie haben Gesetze aufgestellt, in denen sie – hahaha! – bestimmen, wie der Mann, wenn er seine Sache richtig und ehrbar machen will, hineinschieben und herausziehen muss. Diese schlaffen Gesellen verbieten alle heftigen Bewegungen; verbieten auch ungewöhnliche Stellungen einzunehmen. Sie behaupten, kein Weib könne keusch und ehrbar sein, das ...

im krachenden Bette
den Popo bewegt um die Wette.

O, diese ehrwürdigen, weisen Gesetzgeber! Hast du schon mal vom römischen Frauensenat gehört? Man nannte ihn den ›Senatulus‹. Matronen von erlauchtem Adel und reifer Lebenserfahrung übten in ihm senatoriale Würde aus. Sie traten zusammen und berieten über Dinge, die für uns von Wichtigkeit sind. Ihre Urteile wurden geachtet, wie wenn sie der Autorität des allgemeinen Rechtes genossen hätten. Messalina, die Frau des Kaisers Claudius und aller Männer, befragte diese ehr-

Detail einer attischen Weinkanne aus Locri (Italien), um 430 v. Chr.

würdigen Matronen, welche Aufgabe die Schenkel zu erfüllen hätten, welche verschiedenen Stellungen einzunehmen seien, ob sich das Weib beim Liebesgenuss tätig oder teilnahmslos zu verhalten habe. Sie fällten darauf folgenden Spruch:

›Sintemalen beim äußeren wie beim inneren Menschen die Zahl Sieben die größte Rolle spielt, so muss sie auch beim Beischlaf ihre Geltung finden. Wenn ein Mann in einer Nacht es bis zur Zahl Sieben bringt, so ist dem Recht Genüge geschehen; mehr aber können beide Teile nicht verlangen. Wer der Frau verbietet, den Popo zu bewegen, der will sich mit einer toten Venus zu schaffen machen; diese beiderseitigen Bewegungen sind die

Will man der antiken Komödie Glauben schenken, dann hatten griechische Frauen einen gewaltigen sexuellen Appetit. Diese karikierte Frau, vermutlich eine Schauspielerin, ist im Begriff sich zwei Dildos einzuführen, ein Sinnbild für die Ansicht griechischer Männer, dass ihre Frauen sexuell unersättlich seien. Die Selbstbefriedigung war für die Griechen kein Laster, sondern ein notwendiges Ventil. Aus dem reichen Milet an der Küste Kleinasiens besorgten sich vernachlässigte Ehefrauen ihren »Olisbos«. Diese Penisimitation scheint in griechischer Zeit entweder aus Holz oder aus gepolstertem Leder gewesen zu sein. Vor Gebrauch musste frau ihn erst mit reichlich Olivenöl gefügig machen. Attische Trinkschale aus Vulci, ca. 520 - 500 v. Chr.

eigentliche Seele der Wollust. Jede Stellung, die einem Menschen gefällt, hat als erlaubt zu gelten. Im ganzen Reiche der Liebe muss das Gesetz in Kraft sein, dass von der gegenseitigen Liebe erlassen worden ist. Die höchste Instanz in Liebesangelegenheiten ist die Gottheit der Wollust. Ihr steht es zu, Gesetze zu erlassen und sie auszulegen.‹ So lautet ihr Senatsbeschluss, Octavia! Darum brauchte die unermüdliche Messalina in einer einzigen Nacht mehrere Männer. Von keinem forderte sie Bezahlung, aber sie nahm sie, wenn er sie freiwillig anbot.

Bei Tagesanbruch weihte sie, als Siegerin, dem Priapus, dem Marsyas und anderen komischen Göttern vierundzwanzig Rosen- und Myrtenkränze. Das war der Siegeslohn, den sie allein davongetragen hatte. Die Gemahlin des Kaisers Sigismund, eine zweite Messalina, brach in dieser Ringbahn Lenden und Glieder der Helden ihrer Zeit: eine hengst- oder stiermässige Mentula* verschlang, verschluckte sie mit einem einzigen Stoß. Deine Mutter Sempronia brachte in einem Atem mit Chrysogonus zwölf Ritte fertig. Ich selber, die ich doch so zart gebaut bin, habe binnen wenigen Stunden vier starke Männer ausgepumpt. Aber das ist freilich wahr, liebe Octavia: wenn ein Liebespaar sich herzhaft geschüttelt hat, so ist nach sechs oder sieben Kämpfen die Wollust erschlafft und dahin, über diese Zahl hinaus ist es keine ehrbare Lust mehr. Die Frauen, die keine Wollust zu sättigen vermögen, gleichen – so sagte einmal meine Base Victoria zu mir – jenen Schenkenläufern, die niemals voll sind und doch niemals ihre Kehle trocken werden lassen. Wie diese Trunkenbolde vom Bacchus gar kein Vergnügen haben, so haben auch jene Frauen von der Venus gar keine Lust. Dies ist der Grund, warum diese verfaulten Weiber sich's regungslos machen lassen; und doch machen gerade die sanften Stöße Frau Venus so wonnig heiter! Wenn der Mann seine Lenden, die Frau ihre Hinterbacken tanzen lässt, dann

---

* *Penis*

sprühen Feuerfunken aus ihren Leibern. Und wenn Venus diese nicht hat, dann friert sie. So überlebt die Leidenschaft sich selber, so findet sie Wonne in ihrem Tode.

OCTAVIA: Wer könnte es wohl für einen Liebeskampf halten, hätte er mit einer marmornen Venus zu tun – und wäre sie auch von Phidias. Aber wem ein teilnahmslos daliegendes Weib gefällt, dem kann wohl auch eine Statue die Wollust befriedigen.

TULLIA: Gewisse Dummköpfe behaupten, die Geilheit habe ihren Sitz im Nabel. In Wirklichkeit besteht für Mann und Weib die höchste Wollust in der wogenden Bewegung der Lenden, im Aneinanderreiben, im Stoßen und Zurückstoßen. Aber auch diese Bewegungen haben ihre Kunstregeln: langsam müssen sie beginnen, dann immer schneller werden, und endlich sich wieder besänftigen. So besänftigen sich nach dem Sturm die aufgeregten Wogen, sobald die Winde wieder schweigen. – Das weißt du ja am allerbesten, die du durch die wunderbare Beweglichkeit deines Popos strahlenden Ruhm gewonnen hast. Thais selber könnte dir, meine süße Octavia, diesen Ruhm nicht streitig machen. Was aber die Stellungen anbelangt, so meine ich, jeder Mensch hat das Recht, sich diejenige zu wählen, die ihm die angenehmste erscheint. Kein Mensch vermöchte in Worten alle denkbaren Stellungen zu schildern, keiner vermöchte sie alle im Bilde darzustellen. Amor ist ein Proteus, der die Verwandlungen liebt. Jene tollwütigen Solons zetern, es sei unanständig von diesen Stellungen zu sprechen und sie in Bildern abzumalen. Aber über alle die vielen Stellungen des Kampfes und der Schlachten zu sprechen, das verbieten sie nicht, über jene, die zur Vernichtung des Menschengeschlechtes dienen, ärgern sie sich nicht; aber über die Stellungen, durch die es fortgepflanzt wird, erzürnen sie sich. O diese wilden Bestien! Wenn's nach ihnen ginge, sollte lieber das

Menschengeschlecht auf alle mögliche Art vernichtet werden als immer von neuem erstehen! Auch die Diebe lieben Trauer und Tod; Lust und Leben aber hassen sie. Die Lesbier, die von allen Griechen die geistvollsten waren, hatten in dieser Beziehung mehr Verstand. Sappho, die zehnte Muse, war ja eine Lesbierin. Auf ihren Münzen, die sie zum allgemeinen Verkehr prägten, ließen sie alle möglichen Stellungen von Liebespaaren abbilden, darunter auch ganz ungewöhnliche. Es war allgemein gültiges Geld. Ich selber sah zu Rom, im Hause der Frau von Orsini, zwei Münzen, eine kupferne und eine silberne, die, wie man mir sagte, auf der Insel Lesbos geprägt worden waren. Auf der einen lieferte die nackte Sappho einem nackten Mädchen einen tribadischen Kampf. Auf der anderen hob ein nackter Mann, der sich auf das rechte Knie niedergelassen hatte, ein nacktes junges Mädchen empor und durchbohrte sie mit seinem Spieß, was sie mit gespreizten Schenkeln ihm erleichterte.

OCTAVIA: Jener Mann, der das Knie gebeugt hatte, betete zur Venus!

TULLIA: Und jenes Mädchen, das die Lenden emporhob, strebte gen Himmel! Bei deiner ovalen Venusmedaille, Octavia! aus diesen Medaillen kann man die Kunst studieren, solche Gruppen zu lernen, wie man einst nach den in den Tempeln Apolls und Aeskulaps aufgehängten Gemälden die ärztliche Kunst lernen konnte. Wenn ich mich nicht irre, so hatte Elephantis die Milesierin, Philaenis und Hermogenes von Tarsos, die über diese Scherzchen so sachverständige Bücher schrieben, solche Münzen vor Augen und in Händen gehabt.

Der römische Dichter Ovid hat seinen Amor um Christi Geburt besungen. Es ist ein sanfter, einfühlsamer Liebesgott, dennoch ist er dem Dichter zum Verhängnis geworden. Erst wurde seine erotische Lyrik gefeiert, später wurde er dafür in eine unwirtliche Gegend am Schwarzen Meer geschickt. Vermutlich ist es kein Zufall, dass Ovid im selben Jahr von Augustus verbannt wurde wie dessen Enkelin Julia, deren lockerer Lebenswandel dem sittenstrengen Kaiser missfiel. Dabei ist Ovids *Liebeskunst* alles andere als zügellos. Er wird nie derb oder obszön. Vielmehr ist es die Verkettung von sanften Zärtlichkeiten, die am Ende zum Gipfel der Wollust führt. Zunächst werden Anleitungen zur Anbahnung einer Liebesbeziehung gegeben; Techniken, die man wie das Kriegshandwerk erlernen und nach bestimmten Regeln beherrschen kann. Erst am Ende des zweiten Buches wird er sexuell konkreter.

Hast du die Stellen gefunden, an denen die Frau gern berührt
wird,
Halte dich Scham nicht zurück, dass du sie dort auch berührst;
Sehn wirst du, wie ihr die Augen in zitterndem Feuer erglänzen;
Häufig strahlt Sonnenlicht so vom klaren Wasser zurück.
Klagende Laute auch kommen hinzu und ein liebliches
Murmeln,
Süßes Gestöhn, manches Wort, wie es zu diesem Spiel passt.
Lass aber nicht die Geliebte in Schlussfahrt mit volleren Segeln
Hinter dir, und deiner Fahrt eile auch sie nicht voraus.
Eilet gemeinsam zum Ziel; die Lust ist dann erst vollkommen,
Wenn überwältigt zugleich daliegt die Frau mit dem Mann.

Lust sollten beide Partner empfinden, es war geradezu revolutionär, bis dato war es für die brave römische Ehefrau unangemessen gewesen, beim Geschlechtsakt angenehme Gefühle zu haben oder gar einen Orgasmus zu bekommen. Hilfen durch den Mann wie durch Cunnilingus waren verpönt; Männer, die den oralen Spielarten frönten, galten gar als impotent. Ovid kommt im dritten, den Frauen gewidmeten Buch, abermals auf das gegenseitige Ankitzeln, den beidseitigen Genuss zurück, ein Grund, warum ihm auch die Knabenliebe weniger zusagte.

Bis in ihr innerstes Mark gelöst soll die Frau alle Wonnen
Spüren; das Lustgefühl soll gleich groß für beide dann sein.
Nicht sollen schmeichelnde Worte verstummen und liebliches
Flüstern,
Lockere Worte solln nicht aufhören mitten im Spiel.

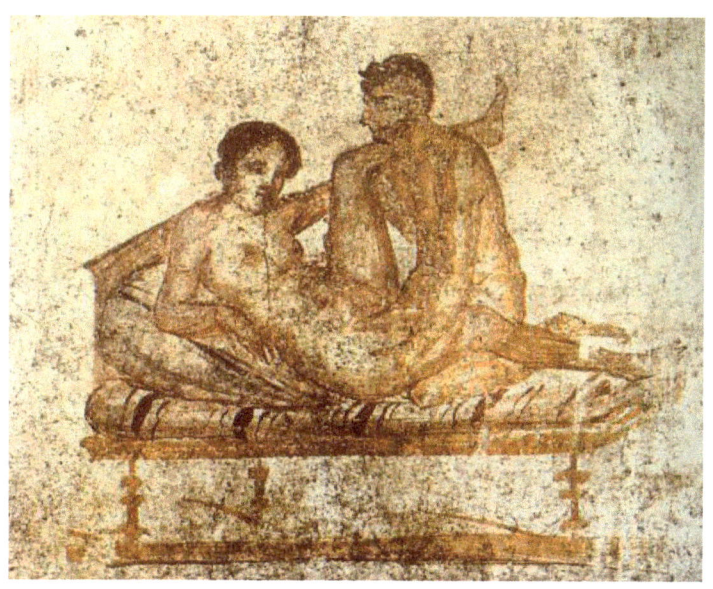

In Pompeji scheinen Frauen den Sex genossen zu haben. Wegen der zahlreichen Liebesakte, die man auf Fresken abgebildet fand, nahm man früher an, es habe unzählige Bordelle in der kleinen Provinzstadt gegeben. Heute ist klar, dass erotische Darstellungen auch in gewöhnlichen Schlafzimmern üblich waren. 1. Jh.

35

Dem Mythos nach ist Priapos ein Kind der Aphrodite und des Dionysos. In gewisser Weise ähnelt er dem Pan, nur sind die Darstellungen noch derber, das Augenmerk ganz auf das erigierte Glied gerichtet. Obwohl der Hauptbereich des Priapos der Garten war, wurde er auch von Seefahrern und Fischern angerufen. Darüber hinaus schützte das aufgerichtete männliche Geschlechtsteil gegen den bösen Blick. Man fand es von Kindern als Amulett getragen, als Relief an Häusern oder eingehauen im Straßenpflaster. Fresko aus Pompeji, zwischen 89 v. Chr. u. 79 n. Chr.

Weniger einfühlsam als bei Ovid geht es bei Priapos zu. Der geile Gott mit dem gewaltigen Phallus war in der Antike mindestens so allgegenwärtig wie Eros und Aphrodite. Ausgehend von der kleinasiatischen Stadt Lampsakos eroberte der Kult im fünften Jahrhundert v. Chr. den gesamten griechisch-römischen Raum. In Gärten und Hainen aufgestellte Statuen mit dem roten keulengroßen Phallus sollten eine reiche Ernte garantieren und Diebe verjagen. Die Standbilder waren meistens mit witzig-obszönen Aufschriften versehen, den sogenannten »Priapeen«. Obwohl die Wirkungssphäre des Priapos eigentlich der Garten war, seine Potenz und Vitalität machten ihn zum Inbegriff roher Manneskraft. Er förderte die Vereinigung anderer und handelte vor allem auch gerne selbst.

Reif schon seh ich die Feigen; dass ich
einige pflücke, sicher gestattest du mirs?
»Rühre nur keine mir an!«
Wie du gleich schreist, Priapos!
»Frag nicht, völlig umsonst ists.«
Aber ich bitte dich brav.
»Dann will ich auch was von dir.«
Wenn du von mir etwas willst, was ist es?
»Es lautet ein Grundsatz: Geben und Nehmen.«
Als Gott forderst du Silber von mir?
»Nein, etwas andres.« - Was denn?
»Meine Feigen begehrst du, dafür gewähr mir
die hintere Feige von dir!«

Philippos von Thessalonike.
Um 40 n. Chr.

Etliche Dichter hat der priapische Phallus beeindruckt, darunter viele lateinische mit großem Namen. Einer, der unerkannt blieb, steht dabei an der Spitze: Der Verfasser der *Carmina Priapea*, einer Sammlung von achtzig Gedichten.

Du albernes Geschöpf, was gibt es denn zu lachen?
Natürlich, weder Phidias noch Skopas machen,
auch kein Praxiteles, so wunderbare Sachen;
ein Bauer wars, der schnitzte mich aus trocknem Holz:
»Du sollst jetzt mein Priapus* sein!« sprach er voll Stolz.
Nun schaust und kicherst heimlich du nach Mädchenbrauch;
kein Wunder ist es, und den Grund sag ich dir auch:
dich freut das riesengroße Ding da unterm Bauch!

Dies Zepter, frisch aus einem Baum herausgesägt, ganz sicher
nie und nimmer wieder Blätter trägt, dies Zepter aber, dem
manch Mägdelein erglüht, um das sich manchmal auch ein
König heiß bemüht und dem manch feiner Luststrolch seine
Küsse gibt, dem diebischen Gelichter, wenn es grad beliebt,
so tief sich, wie es irgend geht, ins Innre schiebt!

Der du nichts Gutes hier im Schilde führst, der nicht
es lassen kann, das Obst zu stehlen, frecher Wicht,
dir bohr ich in dein Hinterteil mein großes Ding.
Ist diese schlimme, grimme Strafe zu gering, dann ziel
ich oben dir hinein: ja, im Gesicht!

O ja, ihr dürft mir alles, was ich sage, glauben,
ich mache keine Witze, sag es nicht zum Spaß.
Erwische ich die Diebe, die das Obst mir rauben,
büßt dreimal mir ihr Mund, ja viermal, glaubt mir das!

---

*Priapos gr. / Priapus lat.

Einer, weicher als das weichste Gänseschmalz,
schleicht sich ein als Dieb, die Strafe ist ihm lieb:
stiehl nur und verschwind – bei dir stell ich mich blind!

Du Holde, die des Mannes Merkmal nicht zu schauen,
sich wendet, wie sichs ziemt für wohlerzogne Frauen:
kein Wunder ist es, wahrlich, dass du dich erschreckst,
da du gesehn, was du so gern ins Bäuchlein steckst!

Ha, welch ein böses Ärgernis verursacht ihr,
erbaut ihr einen hohen Zaun um mein Revier,
der für die Diebe sich als Hindernis erweist!
Das heißt, auf anderer Kosten sich zu freun, das heißt,
dass so vom Vogelsteller man die Vögel schreckt.
Kein Weg führt her, und unter Sträuchern ausgestreckt
kein Strolch mit seinem Hintern mir den Zoll bezahlt.
Doch ich, der eh und je und immer dergestalt
der Diebe Hinterteil erweitert, soll jetzt ruhn
und hab seit Tagen und seit Nächten nichts zu tun.
So bin denn ich bestraft, und wahrlich mehr als frommt,
und bald ist es so weit, dass mirs von selber kommt;
ein Wüstling einst, welch Wunder, lebe heute ich
wie ein infibulierter* Sänger züchtiglich!
Drum höret, wollt da nicht so überängstlich sein,
als Greis behandel geh ich ganz gewiss euch ein:
Priapus mit dem Keuschheitsschloss, das ist gemein!

Dass Priapus, dieser steife Phallus dich verschönt,
dass dich unser Dichter deshalb so frivol verhöhnt,
ist kein Grund, der ins Gesicht die rote Scham dir treibt:
phallischer ist keiner als der Dichter, der dies schreibt!

39

* Verschlossene Genitalöffnung mittels eines eingesetzten
Ringes o. ä. zur Erhaltung der Stimme.

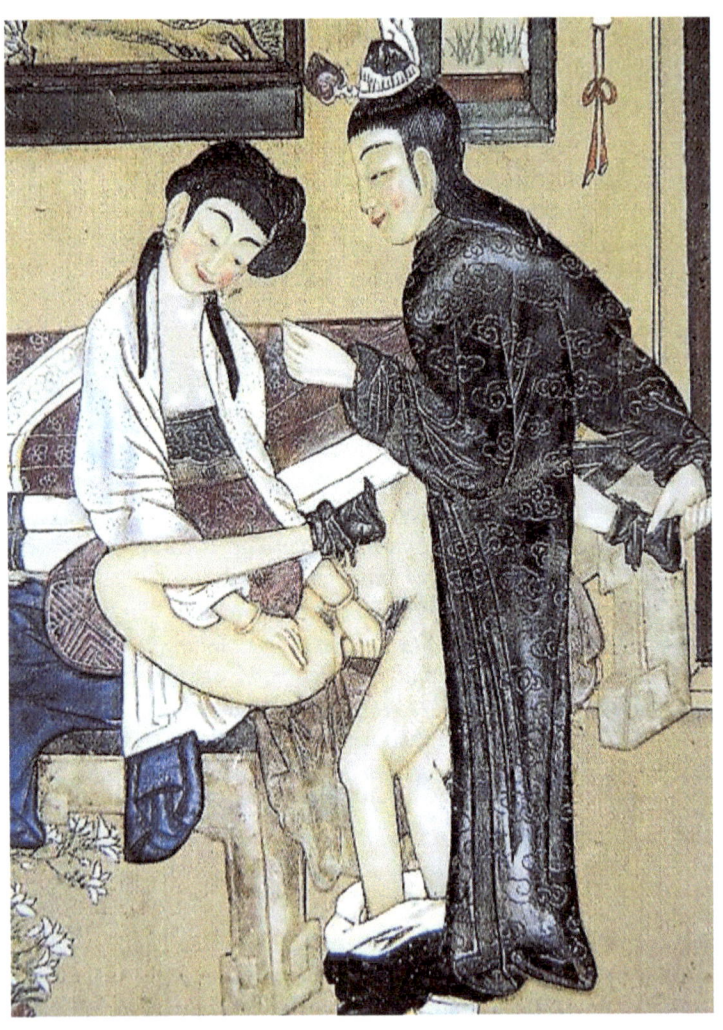

Liebespaar aus der chinesischen Qing-Dynastie, 17. Jahrhundert.

2.

Liebesschulung aus alten Handbüchern

Strebt nach Wissen,
auch wenn es so weit entfernt
sein mag wie China.

Hadith

Der Osten begegnete der körperlichen Liebe von je her unbefangener als der Westen. Der Geschlechtsverkehr war sogar einer der Hauptwege zum Himmel. Die ältesten und umfassendsten Sexhandbücher der Welt stammen aus China, ihr Ursprung geht bis in mythische Zeit zurück. Frau und Mann verstanden sich als Teil der Natur und damit des Universums, das nur durch die Wechselbeziehung der zwei elementaren Lebenspole Yin (weiblich) und Yang (männlich) bestehen kann. Erstes Anliegen des Tao war, die Harmonie dieser beiden Urkräfte herzustellen und der Geschlechtsverkehr war die erste Stufe ihrer Erlangung. Grundlegend war der Glaube, dass die Yin-Essenz der Frau unerschöpflich sei, während die Yang-Essenz des Mannes, der Samen, begrenzt sei. Die Qualität dieser Essenz war von allerhöchster Bedeutung für die Zeugung der Nachkommenschaft. Sie sollte regelmäßig durch die weibliche Yin-Essenz genährt und gestärkt werden. Den Handbüchern zufolge war es für den Mann ideal, den Verkehr so lang wie möglich auszudehnen, je länger er in der Frau blieb, desto mehr Yin-Essenz würde er aufnehmen. Er musste sie auch unbedingt bis zum Orgasmus erregen, denn nur dann erreichte ihre Essenz die maximale Wirksamkeit. Der Mann dagegen sollte seinen kostbaren Samen nicht verschwenden, sondern willentlich auf den Erguss verzichten. Ein Plus für die Frau. Allerdings leitete sich aus der Wechselwirkung der Kräfte auch die Empfehlung ab, ein Mann solle optimalerweise Verkehr mit mehreren Frauen haben. Wie man die heiklen Klippen solcher Sitten zu umschiffen suchte, schildert folgende Episode aus dem *Djin Ping Meh*, einem der großen Romane aus der Zeit der Ming-Dynastie (16. Jh.).

Simen Tjing hatte mit seiner ganzen Familie, der Hauptfrau und den Nebenfrauen, in der Eibischlaube beim Weine gefeiert. Nach dem Aufbruche begab sich Simen Tjing angeheitert in

Goldlotos´ Wohnung und wollte unter dem Einfluss des Weines zu ihr. Unverzüglich setzte Goldlotos Duftrauch an, entkleidete sich und schlüpfte ins Bett. Simen Tjing wohnte ihr indessen nicht bei. Er wusste genau, wie unübertroffen sie die Flöte zu handhaben verstand. Als er nun hinter dem Bettvorhang aus dunkler Baumwollgaze saß, hieß er sie neben ihm Hockstellung einnehmen, das Ding mit beiden Händen, als seien sie ein goldenes Armband, umfassen und es in ihrem Munde ein- und ausgleiten lassen. Genussvoll überließ er sich dem saugenden Spiel ihrer Lippen.

Plötzlich empfand er Durst und rief Schlehenblüte herein, ihm Tee zu bringen. Als Goldlotos aus Besorgnis, das Mädchen könnte etwas sehen, schleunigst den Bettvorhang herunterließ, fragte Simen Tjing, was sie befürchte, und begann dann zu

In China und Japan wurden alle Formen des oralen Sex seit frühester Zeit genossen. Die großen Geishas waren geschickt darin, »die Jadeflöte zu spielen« (Fellatio), und Cunnilingus (»Trinken am Jadebrunnen«) wurde als grundlegend für vollständigen Genuss erachtet. Gemälde aus der Qing-Dynastie, 17. Jahrhundert.

43

erzählen, dass die Frau des nebenan wohnenden Hwa Dse-hü
zwei hübsche Dienerinnen habe. Jene, die heute die Blumen
gebracht habe, sei die jüngere, die andere stehe etwa im Alter
von Schlehenblüte und sei vom zweiten Hwa schon besessen
worden. Wer hätte gedacht, dass Hwa Dse-hü mit dem noch
ganz jungen Dinge derart weit gegangen sei.
Goldlotos blickte Simen Tjing starr an: »Ich sollte dich eigent-
lich schelten. Aber wenn du Lust hast, die Dienerin zu gewin-
nen, so tu es meinetwegen! Warum um die Sache herumgehen,
auf einen Berg weisen, wenn du die Mühle dahinter meinst, und
erst andere Frauen als Beispiel heranziehen? Ich bin gar nicht
so! Ich werde mich also morgen für ein Weilchen nach hinten
begeben. Wenn sie kommt, dann hast du sie.«
»Kind, wie du verstehst, mir den Weg zu meinem Vergnügen frei
zu machen«, sagte Simen Tjing hocherfreut.
Beide wurden sich durch diese Aussprache des Zusammenklangs
ihrer Gefühle und der Übereinstimmung ihrer Gedanken noch
mehr bewusst. Was ihre tiefe Liebe betraf, so lässt sie sich un-
möglich übertreiben. Das Flötenspiel war abgeklungen. Eng
aneinander geschmiegt, schliefen sie ein.

Die Eigenheit chinesischer Männer mit Ehefrau und Nebenfrau-
en unter einem Dach zusammenzuleben, empörte immer wieder
westliche Besucher, vor allem christliche Missionare. Dass die
Einstellung der Europäer zu Körperlichkeit und Sexualität frei-
lich umgekehrt auch bei den Chinesen Verwunderung oder gar
Bestürzung auslösen konnte, zeigt eine Episode anlässlich des
Besuches portugiesischer Gesandter am Hofe des Kangxi-
Kaisers um 1700. Die Besucher überbrachten dem Kaiser als
Gastgeschenk einen Spiegel mit einer Umrandung aus nackten
Sirenen, was in höchstem Maße Anstoß erregte und eine diplo-
matische Krise auslöste. Die Gesandten hatten nicht gewusst,

dass die öffentliche Enthüllung des menschlichen Körpers in China tabu ist. Sexualität, wie ausschweifend auch immer, hatte ihren Platz in der Zurückgezogenheit des Schlafgemachs. Überhaupt waren zur Zeit Kangxis schon viele der alten taoistischen Zusammenhänge verloren gegangen. Wesentliche Teile der chinesischen Handbücher wurden im zehnten Jahrhundert in einem japanischen Werk übernommen, dem *I-shin-po*, das neben der Medizin auch die Sexuallehre beinhaltet. Tatsächlich hielten die Japaner die traditionelle chinesische Hochschätzung sexueller Betätigung aufrecht, lange nachdem sie in China selbst unterdrückt worden war. Einer ihrer ungewöhnlichsten und gleichzeitig enthusiastischsten Verfechter war der japanische Dichter Ikkyû Sôjun, ein zenbuddhistischer Mönch des 15. Jahrhunderts. Seine Wahrheit hieß: *Nur ein Kôan ist wichtig - Du.*

Im Alter von dreiunddreißig Jahren ging Ikkyû auf die Wanderschaft; er zog fast dreißig Jahre durchs Land, freundete sich mit Menschen aus allen Schichten an und lehrte, wo es sich ergab. Ein Leben lang wandte er sich gegen klösterliche Scheinheiligkeit, brach mit Tabus und kostete vor allem ungeniert die körperliche Liebe aus. Er erzählte gern die Geschichte von einer Frau, die viele Jahre lang einen frommen Einsiedler beherbergte und verpflegte. Eines Tages schickte sie ihre Magd mit dem Auftrag, sich auf seinen Schoß zu setzen und ihn innig zu umarmen. Auf die Frage, was er dabei fühle, antwortete er: »Ein kahler Baum am kalten Fels, im Winter kennt er keine Wärme«. Als seine Wirtin das hörte, sagte sie, gänzlich unempfindlich könne sich nur ein Heuchler geben, oder ein Leichnam, beides wolle sie nicht verehren; und sie schickte ihn fort.

Im Alter von 77 Jahren begegnete Ikkyû seiner großen Liebe, der blinden Sängerin Shin, einer vierzig Jahre jüngeren Nonne. Von der leidenschaftlichen Beziehung erzählen seine Gedichte an sie.

Zehn Jahre unter Blüten - verbunden in Liebe -
Deine Anmut hörte niemals auf, mich zu bezaubern.
Abschied ist schwer von deinen Knien, die meine Kissen waren.
Liebkosung in tiefer Nacht - Versprechen für drei kommende Leben.

Nacht für Nacht ist die blinde Shin dem Dichter Gefährtin.
Zärtlich wie Mandarinenten, finden wir immer neue Worte der Liebe -
Wir bekräftigen unser Versprechen für den Morgen in viertausend Jahren,
da Frühling anbrechen wird für alle in der Heimat des Buddha.

Traumverloren wandle ich im duftenden Garten der schönen Shin.
Über dem Kissen Pflaumenblüten Flüstern Frühlingswonnen.
Ich schmecke den Tau der Wollust, köstlich, klar und rein.
O goldener Abend! Wie sollte ich Unsagbares weitersagen in einem

Gedicht?

Auch in Indien wurde über Lust und Liebe offen gesprochen, Sex wurde als etwas Unschuldiges und Heiliges angesehen. Als der weise Vatsyayana vor rund 1800 Jahren das berühmteste der indischen Sexlehrbücher, das *Kamasutra* verfasste, war Indien tief vom Hinduismus durchdrungen. Der göttliche Liebesakt zwischen den Stammeltern Shiva und Parvati galt als Ausdruck vollkommener Einheit und als Vorbild für Paare. Anders als die Chinesen trennte Vatsyayana sehr klar zwischen Sex und Liebe. Liebe war mehr als körperliche Anziehung. Erfüllung fand man nur durch inniges Vertrauen. *Blumenartig sind ja die Frauen und müssen sehr zart umworben werden. Wenn sie von Leuten, die ihr Vertrauen noch nicht besitzen, ungestüm umworben werden, lernen sie die geschlechtliche Vereinigung hassen. Darum nähere man sich in zarter Weise.* (Buch III, Kapitel 2)

Öfter erinnert der Verfasser mitten in der Abhandlung über sexuelle Praktiken daran, dass seine Regeln für wirklich Verliebte nicht gelten, wahre Liebende brauchen keine Anleitungen, wahre Liebe braucht nur den Instinkt. Und unabhängig davon, was er über die wünschenswerten Eigenschaften einer Frau sagen möge, ein Mann doch »kein anderes Mädchen heiraten solle als die, die geliebt wird.« Entscheidend für die Vereinigung ist auch nicht die für das Kamasutra so berühmte Akrobatik, sondern dass der Mann die von der Frau am stärksten begehrte Stellung einnimmt, »und zwar mit aller Heftigkeit der Leidenschaft, deren er fähig ist.«

Vatsyayana schrieb das Buch in hohem Alter und wollte jungen Menschen ein praktisches Nachschlagewerk mit auf den Weg ins Leben geben. Systematisch und leicht verständlich fasste er alles Wissen der früheren Jahrhunderte zusammen, und zwar aus tiefster Überzeugung, dass nur der gemeinsame Genuss ein vollkommener ist.

Bild links: In Japan finden die Spielarten der Leidenschaft ab dem 17. Jahrhundert ihren Ausdruck in der Shunga-Kunst. Frühlingsbilder heißt die Übersetzung, wobei »Frühling« eine Metapher für Sex ist. Seidenmalerei nach einem Holzschnitt von Kitagawa Utamaro, einem Meister des Genres, 18. Jahrhundert.

Die Heiligkeit und Hochschätzung der Sexualität im Hinduismus zeigen heute noch tausende von erotischen Skulpturen, die Fries über Fries in den Tempeln von Khajuraho in den Himmel wachsen. Die um 1000 erbaute Anlage ist die lebhafte Rekonstruktion der Götterheimat, ein indischer Olymp, wo man immer wieder den interessanteren Stellungen aus dem Kamasutra begegnet.

Streichle meine Brüste mit deinen Fingern,
sie sind klein, und du hast sie vernachlässigt.
Genug! Jetzt drücke schnell deinen Mund darauf.

Amaru, ca. 700 n. Chr.
Indische Sanskrit-Dichtung

Die islamische Welt ist überreich an erotischer Literatur. Man denke nur an die erstaunliche Sammlung von Geschichten aus *Tausendundeine Nacht*. Tatsache ist, dass Bagdad, die »Stadt des Friedens«, nach seiner Gründung im 8. Jahrhundert in kürzester Zeit zum geistigen Schmelztiegel der bekannten Welt wurde. Im »Haus der Weisheit«, der großen Akademie sammelte sich das gesamte Wissen der verschiedensten Kulturen: Sumer im heutigen Irak und Ägypten, Griechenland und Rom, Syrien und Persien, China und Indien. Die Farbigkeit der orientalischen Welt, die Europa so maßgeblich beeinflussen sollte, spiegelt das berühmteste der arabischen Liebeslehrbücher: *Der duftende Garten des Scheik Nefzaui*. Es ist alles andere als eine nüchterne Abhandlung, sondern das schillernde Bild des mittelalterlichen Orientalen, für den das Liebesleben Zentrum aller Lebensäußerungen war. Glückhafte Liebesbeziehungen zählten zu den unabdingbaren Voraussetzungen für ein erfolgreiches Leben.

Die Frau ist gleich einer Frucht, die ihre Süße nicht preisgibt, bis du sie zwischen deinen Händen reibst. Sieh die Basilienpflanze: reibst du sie nicht warm zwischen deinen Fingern, wird sie keinen Duft verbreiten. Weißt du nicht, dass Ambra seinen Duft in den Poren versteckt hält, bis du es berührst und erwärmst. Ebenso ist es mit der Frau. Belebst du sie nicht mit deinem Spiel, untermischt mit Küssen, Knabbern und zarter Berührung – nie wirst du von ihr erreichen, was du dir wünschest; keinen Genuss wirst du fühlen, wenn du ihr Lager teilst, und du wirst weder Gefallen noch Zuneigung noch Liebe in ihr erwecken; all ihre guten Eigenschaften werden verborgen bleiben.

Du kannst sie erregen, indem du ihre Wangen küsst, an ihren Lippen trinkst und an ihren Brüsten saugst. Du wirst Küsse an ihren Nabel und ihre Hüften verschwenden und ihren Unterleib zärtlich streicheln. Beiße sie in den Arm und vernachlässige keinen Teil ihres Körpers; drücke dich innig an ihren Busen und zeige ihr deine Liebe und Ergebenheit. Umschlinge ihre Beine mit den deinen und halte sie fest in deinen Armen, denn der Dichter sagt:

Unter ihrem Nacken hat meine rechte Hand
ihr als Kissen gedient,
Und sie an mich zu ziehen,
Sandte ich meine linke Hand,
Die sie trug wie ein Bett.

Wenn du einer Frau nahe bist und siehst, wie ihr Blick sich verschleiert, wenn du hörst, wie sie aus Sehnsucht nach Vereinigung tief aufseufzt, dann lasse dein und ihr Verlangen in eins verschmelzen und lass deine Geilheit aufs höchste steigen, denn das ist der beste Augenblick für das Liebesspiel. Das Vergnügen, das die Frau dann empfindet, wird das größte sein; du selbst wirst sie nur umso mehr lieben, und ihre Zuneigung zu dir wird fortdauern, denn es heißt:

»Siehst du eine Frau tief aufseufzen, während ihre Lippen sich röten und ihre Augen sehnsüchtig blicken, wenn ihr Mund sich halb öffnet und ihre Bewegungen lässig werden; wenn sie schläfrig scheint, unsicheren Schrittes und bereit zu gähnen: wisse, dass dies der rechte Augenblick zur Vereinigung ist; wenn du ohne Zögern den Weg in sie findest, wirst du ihr unzweifelhaft Hochgenuss bereiten. Du wirst fühlen, wie sie in ihrem Schoß dein Glied umfängt, was fraglos die Krönung der Freude für beide bedeutet, denn dies erzeugt, mehr als alles andere, Zuneigung und Liebe.«

Die Liebenden. Miniatur des persischen Malers Reza Abbasi, 1630.

Über Scheik Nefzaui, wissen wir nur wenig, aber das Werk aus dem späten 14. Jahrhundert wurde in Europa eine literarische Sensation, nachdem ein französischer Offizier die Kopie des Manuskriptes Mitte des neunzehnten Jahrhunderts in Algerien entdeckt hatte. Das Buch selbst weist seinen Verfasser als einen universal gebildeten Mann aus. Er muss nicht nur eine gute Kenntnis der arabischen, persischen und indischen Literatur besessen haben, sondern auch in der Medizin bewandert gewesen sein. Mit Rezepten zur Intensivierung des Liebeslebens wird nicht gespart. Denn das ganze Glück der Frauen bestehe im Umgang mit einem kräftigen, starken Glied.

Um »kleine Dimensionen« ansehnlich zu machen, wurde dem Mann empfohlen, es vorher mit lauem Wasser abzureiben, bis es, durch die Erwärmung vom Blut durchflutet, sich röte und vergrößere. »Dann salbe er es mit einer Mischung aus Honig und Ingwer, die tüchtig einzureiben ist (…) Ein anderes Mittel besteht aus einer Mischung von ein wenig Pfeffer, Lavendel, Galant und Muskat, zu Pulver zerrieben, gesiebt und mit Honig und eingemachtem Ingwer vermengt. Das Glied, das zuerst mit warmem Wasser gewaschen, dann mit dieser Mischung kräftig eingerieben wurde, wird groß und muskulös werden und der Frau wunderbare Freuden bieten.«

Den Gipfel der Freuden sah man im vaginalen Orgasmus. Dass dieser durch den reichen und heftigen Erguss des Spermas erreicht wird, »hängt von einem Umstand ab, und zwar davon, dass die Vulva mit einer Saugpumpe ausgestattet ist (dem Muttermund), der das Glied umfasst und ihm mit unwiderstehlicher Gewalt das Sperma entzieht. Ist das Glied einmal erfasst, dann ist der Liebende dagegen machtlos und kann das Sperma nicht zurückhalten, denn der Mund lockert seinen Griff nicht, bevor der letzte Tropfen entzogen ist …«

Vom Idealfall, wo die Ausstattung des Mannes die Voraussetzungen für den vaginalen Orgasmus heroisch erfüllt, erzählt die Geschichte *von **Djoaidi und Fadehat el Djemal**.*

Ich liebte eine Frau, die ganz Anmut und Vollkommenheit war, von schöner Gestalt und mit allen vorstellbaren Reizen begabt. Ihre Wangen waren wie Rosen, ihre Stirn lilienweiß, ihre Lippen wie Korallen; sie hatte Zähne wie Perlen und Brüste wie Granatäpfel. Ihr Mund öffnete sich gerundet wie ein Ring, ihre Zunge schien mit kostbaren Edelsteinen besetzt; ihre mandelförmigen Augen blickten schmachtend und verträumt, und ihre Stimme war süß wie Zucker. Mit den erfreulich gerundeten Formen war ihr Fleisch weich wie Butter und klar wie der Diamant. (...)

Diese Dame war meine Nachbarin. Alle anderen (Frauen) spielten, lachten und scherzten mit mir und nahmen meine Vorschläge mit großem Vergnügen auf. Ich schwelgte in ihren Küssen, ihren engen Umarmungen und Tändeleien, sog an Lippen, Busen und Nacken. Mit allen von ihnen hatte ich geschlafen, nur mit meiner Nachbarin nicht, und gerade sie wünschte ich mehr als alle anderen zu besitzen; aber anstatt nett zu mir zu sein, wich sie mir aus. Als es mir einmal gelang, sie beiseite zu nehmen und mit ihr zu scherzen und ihre Heiterkeit zu erregen und endlich von meinen Wünschen zu sprechen, antwortete sie mir mit folgenden Versen, deren Sinn mir verborgen war:

Inmitten der Berggipfel sah ich ein festes Zelt errichtet,
Hoch oben, allen Augen sichtbar.
Aber ach! Die Stange, die es hielt, war fort,
Und wie ein Gefäß ohne Henkel blieb es zurück,
Alle Schnüre lösten sich, die Mitte sank ein
Und bildete eine Höhlung wie die eines Kessels.

So oft ich ihr von meiner Leidenschaft sprach, antwortete sie mir mit diesen Versen, die für mich bar jedes Sinnes waren und auf die ich nichts erwidern konnte, die aber meine Liebe nur umso mehr erregten. Ich erkundigte mich bei allen, die ich kannte - unter ihnen waren weise Männer, Philosophen und Gelehrte - aber keiner konnte mir das Rätsel lösen und meine Glut besänftigen, meine Leidenschaft kühlen.

Nichtsdestoweniger forschte ich weiter, bis ich endlich von einem Gelehrten namens Abou Nouass hörte, der in einer fernen Gegend lebte und als einziger imstande sei, das Rätsel zu lösen. Ich machte mich auf zu ihm und trug ihm die obenerwähnten Verse vor.

Abu Nouass sagte mir: »*Diese Frau liebt nur dich und keinen anderen. Sie ist wohlbeleibt und rundlich.*«

Ich antwortete: »*Es ist genau wie du sagst. Du hast sie geschildert, als stünde sie vor dir. Nur das, was du von ihrer Liebe zu mir behauptest, hat sie mir bisher noch nicht bewiesen.*«

»*Sie hat keinen Gatten.*«

»*So ist es*«, *sagte ich.*

Dann fügte er hinzu: »*Ich habe Ursache zu glauben, dass dein Glied geringen Umfang hat und ihr weder Freude bereiten noch ihre Glut löschen könnte, denn sie braucht einen Liebhaber mit dem Glied eines Esels. Vielleicht stimmt das nicht. Sag mir die Wahrheit.*«

Als ich ihn über diesen Punkt beruhigte und ihm versichert hatte, dass mein Glied, das sich bei seinen zweifelnden Worten zu erheben begann, den erforderlichen Umfang habe, sagte er mir, dass in diesem Fall alle Schwierigkeiten schwinden würden, und erklärte mir den Sinn der Verse wie folgt:

»*Das fest errichtete Zelt stellt die groß dimensionierte Vulva dar, die Berge, zwischen denen es sich erhebt, sind die Hüften. Die Stange, die es in der Mitte stützte, fehlt, und das bedeutet,* dass sie keinen Gatten hat, wobei die Stange, die das Zelt hält, mit dem männlichen Glied verglichen wird, das die Lippen der Vulva auseinanderhält. Sie ist wie ein Gefäß ohne Henkel: das bedeutet, dass der Eimer, den man nicht am Henkel aufhängen kann, unnütz ist, wobei mit dem Eimer die Vulva gemeint ist und mit dem Griff der Penis. Die Schnüre sind gelöst und die Mitte sinkt ein: das heißt, ein Zelt ohne Tragstange bricht zusammen und ist insofern minderwertiger als die Wölbung, die ohne Mittelstütze aufrecht bleibt; so kann die Frau, die keinen Gatten hat, kein volles Glück genießen. Aus den Worten »es bildet eine Höhlung wie ein Kessel« magst du im Vergleich erkennen, wie wollüstig Gott jene Frau geschaffen hat, da sie ihre Vulva einen Kessel nennt, der ja zur Bereitung des Tserid* dient. Nun höre: Wenn der Tserid im Kessel ist, muss er, um gut zu gelingen, mit einem Medeleuk* lang und fest gerührt werden, während der Kessel mit Händen und Füßen gehalten wird. Nur so kann man die Speise richtig zubereiten; ein kleiner Löffel genügt nicht, die Köchin würde sich die Finger verbrennen, weil der Griff zu kurz ist, und das Gericht könnte nicht gelingen. Dies ist ein Symbol der weiblichen Natur, o Djoaidi. Wenn dein Glied nicht einem ansehnlichen, zur guten Zubereitung des Tserid geeigneten Medeleuk gleicht, wirst du sie nicht zufriedenstellen, und wenn du sie nicht überdies mit Händen und Füßen umschlingst und an deine Brust drückst, ist es zwecklos, dich um ihre Gunst zu bewerben; und wenn du sie endlich sich im eigenen Feuer verzehren lässt wie der Boden des Kessels, der anbrennt, wenn der Medeleuk nicht umrührt, wirst du ihren Wunsch nicht durch das Resultat befriedigen.

Du weißt nun, was sie hindert, deinen Wünschen nachzugeben: sie fürchtet, du würdest die Flammen nicht löschen können, die du entfachtest. - Doch wie ist der Name dieser Frau, o Djoaidi?«

---

*1. »Tserid«, allgemeiner »Tserida«, ist eine arabische Speise. 2. »Medeleuk« (von deleuk: stampfen, mischen) ist ein langer Holzlöffel, in Größe und Form eines Beutels.

»Fadehat el Djemal (Sonnenaufgang der Schönheit)«, erwider-
te ich.

»Kehre zu ihr zurück«, sagte der Weise, »und bringe ihr diese
Verse, dann wird deine Angelegenheit ein glückliches Ende neh-
men, so Gott will! Du kommst dann wieder zu mir und berichtest
mir, was zwischen euch beiden vorgefallen ist.«

Ich versprach es, und Abou Nouass sagte mir folgende Zeilen:

Habe nun Geduld, o Fadehat el Djemal,
Ich verstehe deine Worte und alle werden sehen,
wie ich gehorche. (...)
O du mein Augapfel! Du dachtest, die Antwort,
die ich zu geben hätte, bringe mich in Verwirrung.
Ja, gewiss! Die Liebe, die ich dir entgegenbringe,
Ließ mich den Augen aller, die dich kennen, töricht scheinen.
Sie meinten, ich sei von einem Dämon besessen, (...)
Bei Gott! Sollte meine Tollheit vielleicht darin besteh'n,
Dass kein andres Glied dem meinen gleicht? Hier!
Sieh und nimm sein Maß!
Wann immer eine Frau es erprobt, verfällt sie in Liebe zu mir,
In heftige Liebe. Es ist eine wohlbekannte Tatsache,
Dass du von fern es erblicken kannst, wie eine Säule.
Aufgerichtet, hebt's mein Gewand und macht mich schamrot.
Nimm es freundlich auf, bring' es in dein Zelt,
Das zwischen den wohlbekannten Bergen liegt.
Es wird sich dort heimisch fühlen, du wirst sehen,
Dass es drinnen nicht erschlafft, sondern fest wie ein Nagel hält.
Nimm es als Henkel dir zum Krug.
Komm, prüfe es und merke wohl
Wie stark es ist und lange aufrecht!
Wenn du aber einen rechten Medeleuk benötigst,
den Medeleuk zur Arbeit zwischen Hüften,

Nimm ihn zum Rühr'n in deinem Kessel.
Es tut dir wohl, o Herrin mein!
Und sei dein Kessel auch gepanzert, - du wirst zufrieden sein!

Nachdem ich diese Verse auswendig gelernt hatte, nahm ich Abschied von Abou Nouass und kehrte zurück zu Fadehat el Djemal. Sie war, wie gewöhnlich, zu Hause. Ich klopfte leise an die Tür, sie kam sofort heraus: Schön wie die aufgehende Sonne kam sie auf mich zu und sagte: »O du Feind Gottes! Was führt dich zu mir um diese Zeit?«

Ich antwortete ihr: »O meine Herrin! Eine Angelegenheit von großer Wichtigkeit.«

»Erkläre dich näher, und ich will sehen, ob ich dir helfen kann.«

»Ich werde nicht mit dir darüber sprechen, bevor die Tür verschlossen ist«, entgegnete ich.

»Du bist heute sehr kühn«, sagte sie. Und ich: »O meine Herrin, du hast recht! Kühnheit ist eine meiner Eigenschaften.«

Dann redete sie mich folgendermaßen an: »O du Feind deiner selbst! O du elendester deines Geschlechts! Wenn ich die Tür schließe, und du kannst meine Wünsche nicht erfüllen, was fange ich dann mit dir an?«

»Du wirst mich dein Lager teilen lassen und mir deine Gunst schenken.«

Sie begann zu lachen; und als wir ins Haus gegangen waren, befahl sie einer Sklavin, die Haustür zu verschließen. Wie gewöhnlich bat ich sie, meine Anträge anzunehmen, und sie antwortete mir wieder mit den obenerwähnten Versen. Als sie damit zu Ende war, begann ich ihr die Verse vorzutragen, die Abou Nouass mich gelehrt hatte.

Als ich damit weiter vorankam, geriet sie mehr und mehr in Bewegung, ich sah ihren Widerstand schwinden, sah sie die Augen schließen, sich strecken, seufzen. Ich wusste nun, dass

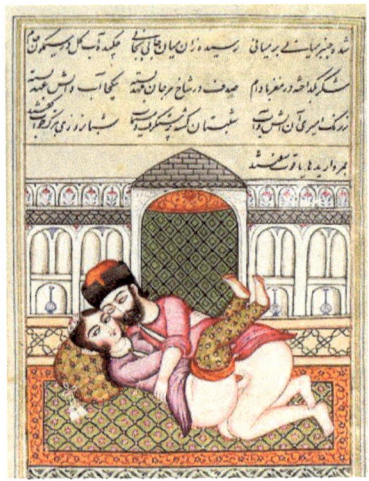

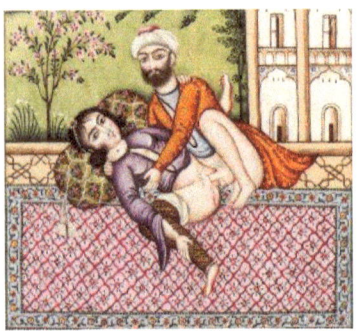

Bis zum 19. Jahrhundert existierte in der muslimischen Welt eine lebendige erotische Kultur, die sich in der Dichtung, in Geschichten oder Ratgebern niederschlug. Diese Miniaturen stammen aus einem persischen Sexhandbuch, das große Ähnlichkeit mit dem indischen Kamasutra hat, 15. Jahrhundert.

ich mein Ziel erreichen würde. Als ich damit zu Ende war, war mein Glied aufrecht wie eine Säule. Als Fadehat el Djemal es so erblickte, stürzte sie sich darauf, nahm es in ihre Hände und zog es an sich. Da sagte ich: »O mein Augapfel! Nicht hier, lass uns in dein Schlafgemach gehen.«

Sie erwiderte: »Lass mich in Ruhe, o Sohn einer Verführerin! Bei Gott! Ich bin wie von Sinnen, wenn ich sehe, wie dein Glied länger und länger wird und dein Gewand sich hebt. O welche Pracht! Nie sah ich ein schöneres! Lass es ein in diese köstlich gerundete Vulva, die alle verrückt macht, die davon hörten, um deretwillen so viele vor Liebe starben, und die auch deine Herren und Meister* nicht erringen konnten.«

Ich wiederholte: »Nur in deinem Schlafgemach, nirgend sonst!«

Sie erwiderte: »Wenn du nicht augenblicklich zu dieser zarten Vulva kommst, sterbe ich.«

Als ich dennoch darauf bestand, uns in ihr Schlafgemach zu begeben, rief sie: »Nein, unmöglich! So lange kann ich nicht warten!«

In der Tat sah ich ihre Lippen beben, ihre Augen füllten sich mit Tränen. Ein Zittern überlief sie, sie wechselte die Farbe, legte sich auf den Rücken und entblößte ihre Hüften, deren schneeiges Weiß ihre Haut wie karminrot getöntes Kristall erglänzen ließ. Dann prüfte ich ihre Vulva - eine weiße Kuppel mit purpurner Mitte, zart und entzückend. Sie öffnete sich wie die einer Stute bei Annäherung des Hengstes.

In diesem Augenblick erfasste sie mein Glied, küsste es und sagte: »Bei der Religion meines Vaters! Es muss in meine Vulva!« Sie rückte näher an mich heran und zog es an sich.

Nun zögerte ich nicht länger, ihr beizustehen, und brachte es an den Eingang. Sobald der Kopf die Lippen berührte, erzitterte Fadehat el Djemals ganzer Körper. Seufzend und keuchend presste sie mich an ihren Busen.

59

---

* *»Djoaidi« bezeichnet einen Mann aus dem Volk. Es gibt also einen Rangunterschied zwischen den beiden.*

Wieder benützte ich den Augenblick, um die Schönheit ihrer Vulva zu bewundern. Sie war herrlich, die purpurne Mitte hob das schneeige Weiß nur umso mehr hervor. Sie war gerundet und ohne Fehl, über ihren Unterleib vorspringend wie eine wunderbar gewölbte Kuppel. Mit einem Wort, sie war ein Meisterwerk der Schöpfung, wie es nicht schöner zu finden war. Der Segen Gottes, des besten Schöpfers, sei mit ihr. Und die Frau, die dieses Wunder besaß, hatte nicht ihresgleichen.

Als ich sie so hingerissen sah, zitternd wie ein Vogel, dem man die Kehle durchschneidet, stieß ich zu mit meinem Dolch. Aber ich ging behutsam vor, weil ich dachte, sie könnte mich nicht ganz aufnehmen. Sie jedoch bewegte wutentbrannt die Backen und rief: »Das genügt mir nicht!«

Mit einem kräftigen Stoß drang ich völlig in sie ein, was ihr einen schmerzlichen Schrei entriss. Aber im nächsten Augenblick bewegte sie sich rasender als zuvor. »Du darfst keinen Winkel vergessen«, rief sie, »weder unten noch oben, und vor allem verschmähe nicht die Mitte! Die Mitte!« wiederholte sie. »Wenn du es kommen spürst, lass es ein in meine Matrix, um meine Glut zu löschen.«

Dann bewegten wir uns abwechselnd ein und aus, was köstlich war. Unsere Glieder waren verschlungen, unsere Muskeln entspannt, wir fuhren fort, uns zu küssen und zu umarmen, bis die Krisis zugleich über uns kam. Dann rasteten wir und schöpften Atem nach dem gemeinsamen Kampf.

Ich wollte mich zurückziehen, aber sie ließ es nicht zu und bat mich, zu verharren. Ich erfüllte ihren Wunsch, doch im nächsten Moment nahm sie selbst das Glied heraus, trocknete es ab und führte es wieder ein. Wir begannen unser Spiel von neuem, küssend und drängend in rhythmischer Bewegung. Nach kurzer Zeit erhoben wir uns und traten in ihr Schlafgemach, ohne den Genuss vollendet zu haben. Sie reichte mir nun ein Stück einer aromatischen Wurzel und empfahl mir, es im Munde zu halten, auf das mein Glied nicht erlahme. Dann bat sie, ich möge mich auf das Lager hinstrecken, was ich tat. Sie kam rittlings über mich, nahm mein Glied in ihre Hände und führte es ganz ein. Ich staunte über die Kraft ihrer Vulva und über das Feuer, das von ihr ausging. Die Eröffnung ihrer Matrix erregte meine besondere Bewunderung. Nie hatte ich ähnliches erfahren, sie umfasste mein Glied und drückte die Drüse. Außer Fadehat el Djemal hatte mich bisher noch keine Frau ganz aufnehmen können. Ich glaube, ihr war es möglich, weil sie sehr feist und beleibt und ihre Vulva breit und tief war.

Fadehat el Djemal, im Reitsitz auf- und abwogend, stieß Rufe aus und weinte, verlangsamte und beschleunigte ihre Bewegungen, hielt ganz inne; als sie zum Teil des Gliedes ansichtig wurde, blickte sie es an, nahm und betrachtete es und tauchte es wieder unter, bis es verschwand. So fuhr sie fort, bis wieder die Freude sie überkam. Als sie mich endlich verließ, streckte sie sich hin und bat mich zu ihr. Ich willfahrte und sie führte mich ganz ein. So setzten wir unsere Zärtlichkeiten fort, veränderten abwechselnd die Lage, bis die Nacht hereinbrach. Ich hielt es für angezeigt, mich zu verabschieden, aber sie ließ es nicht zu, und ich musste ihr versprechen zu bleiben.

Ich sagte mir: »Diese Frau lässt mich um keinen Preis fort, aber wenn der Morgen kommt, wird Gott mir helfen.« So blieb ich bei ihr, und die ganze Nacht hindurch liebkosten wir einander und ruhten kaum.

Es gibt viele Formen von Kulturäußerungen, die jede für sich das Wesen eines Volkes charakterisieren, keine aber ist bezeichnender für seine Mentalität als die Liebespoesie. Eines der großen erotischen Gedichte Arabiens ist das *Hohelied Salomos* aus der Bibel, das eigentlich ein libanesisches Hochzeitslied ist.

DIE GELIEBTE:
Mit Küssen seines Mundes bedeckte er mich.
Süßer als Wein ist deine Liebe.
Köstlich ist der Duft deiner Salben,
dein Name hingegossenes Salböl;
darum lieben dich die Mädchen.
(...)
Jauchzen lasst uns, deiner uns freuen,
deine Liebe höher rühmen als Wein.
Dich liebt man zu Recht.

DIE GELIEBTE:
Braun bin ich, doch schön,
ihr Töchter Jerusalems,
wie die Zelte von Kedar,
wie Salomos Decken.
Schaut mich nicht so an,
weil ich gebräunt bin.
Die Sonne hat mich verbrannt.
(...)

DER GELIEBTE:
Mit der Stute an Pharaos Wagen
vergleiche ich dich, meine Freundin.
Schön sind deine Wangen zwischen den Kettchen,
dein Hals in der Perlenschnur.
Machen wir dir noch goldne Kettchen,
kleine Silberkugeln dran.

ZWIEGESPRÄCH DER GELIEBTEN:
Solange der König an der Tafel liegt,
gibt meine Narde ihren Duft.
Mein Geliebter ruht wie ein Beutel
mit Myrrhe an meiner Brust.

Eine Hennablüte ist mein Geliebter mir
aus den Weinbergen von En-Gedi.

Schön bist du, meine Freundin,
ja, du bist schön.
Zwei Tauben sind deine Augen.

Schön bist du mein Geliebter, verlockend.
Frisches Grün ist unser Lager,
Zedern sind die Balken unseres Hauses,
Zypressen die Wände.
Ich bin eine Blume auf den Wiesen des Scharon,
eine Lilie der Täler.
Eine Lilie unter Disteln
ist meine Freundin unter den Mädchen.

Ein Apfelbaum unter Waldbäumen
ist mein Geliebter unter den Burschen.
In seinem Schatten begehre ich zu sitzen.
Wie süß schmeckt seine Frucht meinem Gaumen!
In das Weinhaus hat er mich geführt.
Sein Zeichen über mir heißt Liebe.
Stärkt mich mit Traubenkuchen,
erquickt mich mit Äpfeln;
Denn ich bin krank vor Liebe.
Seine Linke liegt unter meinem Kopf,
seine Rechte umfängt mich.
Bei den Gazellen und Hirschen auf der Flur
beschwöre ich euch, Jerusalems Töchter:
Stört die Liebe nicht auf,
weckt sie nicht, bis es ihr selbst gefällt.

DIE GELIEBTE:
(...) Der Geliebte ist mein,

und ich bin sein;
er weidet in den Lilien.
Wenn der Tag verweht
und die Schatten wachsen,
komm du, mein Geliebter,
der Gazelle gleich,
dem jungen Hirsch
auf den Balsambergen.

Des Nachts auf meinem Lager suchte ich ihn,
den meine Seele liebt.
Ich suchte ihn und fand ihn nicht.
Aufstehen will ich, die Stadt durchstreifen,
die Gassen und Plätze,
ihn suchen, den meine Seele liebt.
Ich suchte ihn und fand ihn nicht.

Mich fanden die Wächter
bei ihrer Runde durch die Stadt.
Habt ihr ihn gesehen,
den meine Seele liebt?
Kaum war ich an ihnen vorüber,
fand ich ihn, den meine Seele liebt.
Ich packte ihn, ließ ihn nicht mehr los,
bis ich ihn ins Haus meiner Mutter brachte,
in die Kammer, die mich geboren hat.
(...)

DER DICHTER:
Wer ist sie,
die da aus der Steppe heraufsteigt
in Säulen von Rauch,
umwölkt von Myrrhe und Weihrauch,
von allen Wohlgerüchen der Händler?
(...)

Bilderzyklus: Das Hohelied Salomos / Studie H, Egon Tschirch 1923.

DER GELIEBTE:
Schön bist du, meine Freundin,
ja, du bist schön.
Hinter dem Schleier
deine Augen wie Tauben.
Dein Haar gleicht einer Herde von Ziegen,
die herabzieht von Gileads Bergen.

Deine Zähne sind wie eine Herde
frisch geschorener Schafe,
die aus der Schwemme steigen.
(...)
Rote Bänder sind deine Lippen;
lieblich ist dein Mund.
Dem Riss eines Granatapfels gleicht deine Schläfe
hinter dem Schleier.
Wie der Turm Davids ist dein Hals,
in Schichten von Steinen erbaut;
tausend Schilde hängen daran,
lauter Waffen von Helden.
Deine Brüste sind wie zwei Kitzlein,
wie die Zwillinge einer Gazelle,
die in den Lilien weiden.
Wenn der Tag verweht und Schatten wachsen,
will ich zum Myrrhenberg gehen,
zum Weihrauchhügel.
Alles an dir ist schön, meine Freundin;
kein Makel haftet an dir.
Komm doch mit mir, meine Braut, vom Libanon,
weg vom Libanon komm du mit mir!
Weg vom Gipfel des Amana.

DER GELIEBTE:
(...)
Wie schön sind deine Schritte in den Sandalen,
du Edelgeborene.
Deiner Hüften Rund ist wie Geschmeide,
gefertigt von Künstlerhand.
Dein Schoß ist ein rundes Becken,
Würzwein mangle ihm nicht.
Dein Leib ist ein Weizenhügel, mit Lilien umstellt.
Deine Brüste sind wie zwei Kitzlein,

wie die Zwillinge einer Gazelle.
Dein Hals ist ein Turm aus Elfenbein.
Deine Augen sind wie die Teiche zu Heschbon
beim Tor von Bat-Rabbim.
Deine Nase ist wie der Libanonturm,
der gegen Damaskus schaut.
Dein Haupt gleicht oben dem Karmel;
wie Purpur sind deine Haare;
ein König liegt in den Ringeln gefangen.
Wie schön bist und wie reizend,
du Liebe voller Wonnen!
Wie die Palme ist dein Wuchs;
deine Brüste sind wie Trauben.
Ich sage: Ersteigen will ich die Palme;
ich greife nach den Rispen.
Trauben am Weinstock seien mir deine Brüste,
Apfelduft sei der Duft deines Atems,
dein Mund köstlicher Wein,
der glatt in mich eingeht,
der Lippen und Zähne netzt.

DIE GELIEBTE:
Ich gehöre meinem Geliebten,
und ihn verlangt nach mir.
Komm, mein Geliebter, wandern wir auf das Land,
schlafen wir in den Dörfern.
Früh wollen wir dann zu den Weinbergen gehen
und sehen, ob der Weinstock schon treibt,
ob die Rebenblüte sich öffnet,
ob die Granatbäume blühen.
Dort schenke ich dir meine Liebe.
Die Liebesäpfel duften;
an unserer Tür warten alle köstlichen Früchte,
frische und solche vom Vorjahr;

für dich hab' ich sie aufgehoben, Geliebter.
Ach, wärst du doch mein Bruder,
genährt an der Brust meiner Mutter.
Träfe ich dich dann draußen,
ich würde dich küssen;
niemand dürfte mich deshalb verachten.
Führen wollte ich dich,
in das Haus meiner Mutter dich bringen,
die mich erzogen hat.
Würzwein gäbe ich dir zu trinken,
Granatapfelmost.
Seine Linke liegt unter meinem Kopf,
seine Rechte umfängt mich.

DER GELIEBTE:
Ich beschwöre euch, Jerusalems Töchter:
Was stört ihr die Liebe auf,
warum weckt ihr sie,
ehe ihr selbst es gefällt?

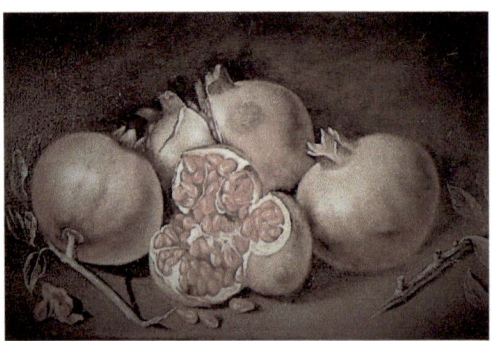

Rund, prall und schwer gilt der Granatapfel als die Frucht der Erotik
schlechthin. Für unzählige Dichter wurde er ein beliebtes Thema.
Goethe und Schiller bestaunten ihn, Oscar Wilde nannte eine Sammlung
von Erzählungen »Das Granatapfelhaus«, sogar Julias »Nachtigall«
saß auf einem Granatapfelbaum. Antonio Ponce, 17. Jahrhundert.
Rechts: Antiklerikale Satire, wie sie in der Zeit der Aufklärung beliebt
war. Jean-Jacques Lequeu, 1794.

3.

Zwischen Lust und Sünde

Et nous' auſi nous ferons' meres, car.........!

Mit dem Untergang Roms gehen in Europa die Lichter aus. Die feingestimmten Liebesgesänge aus Pamphylien sind verklungen, die Menschen leben ihre Sexualität derbe aus. Bauern treiben es hinter den Büschen, Priester verführen im Beichtstuhl, junge Burschen steigen bei verheirateten Frauen ein, so der Ehemann außer Haus ist. Die Glut wird erst recht vom Reiz des Verbotenen geschürt. Seit dem Mittelalter hat die Kirche Satan zum Chef im Garten Eden gemacht. Sex ist unentwirrbar mit den Begriffen Schuld und Sünde verknüpft.

Eines der frühesten und berühmtesten erotischen Werke, das die Liebe schmunzelnd als positive Naturkraft darzustellen wagt, ist Boccaccios *Dekameron*, zwischen 1349 und 1353 entstanden, eines der ersten gedruckten Bücher überhaupt. Die Rahmenhandlung verlegt Boccaccio in ein Landhaus in den Hügeln von Florenz. In dieses Landhaus sind sieben Frauen und drei junge Männer vor der Pest geflüchtet, die im Frühjahr und Sommer des Jahres 1348 die Florentiner heimsuchte. Im Landhaus versuchen sich die jungen Leute nach Möglichkeit zu unterhalten. Daher wird jeden Tag eine Königin oder ein König gewählt, welcher ein Thema vorgibt. Zu diesem Thema hat sich nun jeder der Anwesenden eine Geschichte auszudenken und zum Besten zu geben. Nach zehn Tagen und zehn mal zehn Novellen kehrt die Gruppe wieder nach Florenz zurück.

Viele der Geschichten prangern die damalige Kirchenmoral an. Und zwar auf eine leichtfüßige, herrlich erfrischende Art. Hier nutzt ein Eremit die Naivität und Frömmigkeit einer jungen Pilgerin aus und zeigt ihr, wie der Teufel in die Hölle kommt.

So kam sie schließlich an die Klause eines jungen Einsiedlers, der ein demütiger, guter Mann war und Rustico hieß. Sie stellte ihm die gleichen Fragen wie den beiden anderen Einsiedlern, und da er sich selbst eine Probe seiner Standhaftigkeit erbrin-

gen wollte, schickte er sie nicht fort oder weiter wie die anderen, sondern behielt sie bei sich in seiner Klause.

Als es Nacht wurde, bereitete er ihr auf der einen Seite der Zelle ein dürftiges Lager aus Palmwedeln und bat sie, sich darauf zur Ruhe niederzulegen. Aber als dies geschehen war, dauerte es gar nicht lange, so begann die Versuchung einen harten Kampf gegen die Widerstandskraft des Einsiedlers zu führen. Dieser, der sich bald von letzterer im Stich gelassen sah, wandte ihr nach wenigen Angriffen kurzerhand den Rücken und erklärte sich für besiegt. Sodann schob er alle frommen Gedanken und Bußübungen beiseite, rief sich dafür die Jugend und Schönheit des Mädchens ins Gedächtnis zurück und überlegte außerdem, auf welchem Wege und mit welchen Mitteln er es bei ihr versuchen sollte, damit sie nicht dahinterkäme, dass er, von sündigem Verlangen getrieben, das forderte, was er begehrte.

Er forschte sie darum vorerst mit allerlei Fragen aus und stellte fest, dass sie noch keinen Mann erkannt hatte und so unschuldig war, wie sie aussah. Darauf beschloss er, sie unter dem Vorwand einer Art Gottesdienstes seinen Gelüsten dienstbar zu machen, und setzte ihr zu diesem Zweck als erstes mit vielen Worten auseinander, dass der Teufel der Feind des Herrgotts sei. Dann gab er ihr zu verstehen, dass der Dienst, der Gott am meisten wohlgefiele, kein anderer sei, als den Teufel in die Hölle zu schicken, in die der Herrgott ihn verbannt habe.

Das Mädchen fragte ihn darauf, wie man das mache, und Rustico antwortete: »Das sollst du gleich erfahren. Tue nur alles, was du mich tun siehst!« Damit begann er, seine wenigen Kleidungsstücke abzulegen, bis er nackt vor ihr stand. Das Mädchen tat es ihm nach. Dann kniete er wie zum Gebet nieder und gebot ihr, sich ihm gegenüber ebenfalls niederzuknien. In dieser Stellung wurde Rustico beim Anblick ihrer Schönheit heftiger als je von seiner Begierde gepackt, und die Auferstehung des

Fleisches kam sogleich über ihn. Als Alibech das sah, fragte sie neugierig: »Rustico, was für ein Ding sehe ich da bei dir sich vordrängen, das ich nicht besitze?« -

»Ach meine Tochter«, entgegnete Rustico, »das ist ja der Teufel, von dem ich dir erzählt habe. Siehst du, gerade jetzt quält und martert er mich so sehr, dass ich es kaum ertragen kann.«

Da sagte das Mädchen: »Gelobt sei Gott! Ich sehe, dass es mir besser geht als dir, denn ich habe keinen solchen Teufel.«

Rustico sprach: »Da hast du wohl recht, doch hast du an Stelle meines Teufels etwas anderes, was ich nicht habe.«

Alibech fragte: »Und was habe ich?«

Und Rustico entgegnete: »Du hast die Hölle, und ich gestehe dir, ich glaube, dass der Herrgott dich zur Rettung meiner Seele hergeschickt hat. Denn wenn du so barmherzig sein willst, zu dulden, dass ich meinen Teufel, immer wenn er mich fortan quält, in die Hölle schicken darf, so würdest du mich damit sehr trösten und dem Herrgott auf eine ihm besonders wohlgefällige Art dienen, wozu du doch hergekommen bist, wie du sagst.«

Das Mädchen antwortete treuherzig: »Oh, mein Vater, wenn ich wirklich die Hölle habe, so geschehe es, wann immer Ihr es wünscht.« -

»Gesegnet seist du, meine Tochter!« rief Rustico. »So wollen wir ihn denn hineinschicken, damit er mich in Ruhe lasse!« Nach diesen Worten führte er das Mädchen auf eins der Lager und brachte ihr bei, wie man es anfangen müsse, um jenen Gottverdammten einzukerkern.

Das Mädchen, das noch niemals den Teufel in die Hölle geschickt hatte, fühlte bei dem ersten Mal einen kleinen Schmerz und sagte darum zu Rustico: »Mein Vater, dieser Teufel muss wirklich ein böser Kerl und ein wahrer Feind unseres Herrgotts sein, denn er tut sogar, von anderm ganz zu schweigen, der Hölle weh, wenn er hineingeschickt wird.«

Rembrandts berühmter »Mönch im Kornfeld«, den der Meister vermutlich auf einem seiner Spaziergänge beobachtet hat. Radierung um 1646.

Darauf sagte Rustico: »Das wird nicht immer so bleiben, meine Tochter.« Und um zu erreichen, dass es nicht so bliebe, schickten sie auf ihrem Lager den Teufel wohl an die sechsmal und mehr in die Hölle, so dass sie ihm für diesmal seine Hoffart völlig ausgetrieben und er willig Ruhe gab. Zwar zeigte sich diese Hoffart in der nächsten Zeit noch unzählige Male, doch das Mädchen zeigte sich stets bereit, ihm dieselbe auszutreiben. So kam es, dass sie bald großes Vergnügen an diesem Spiel zu finden begann und zu Rustico sagte: »Jetzt sehe ich ein, dass die braven Christen in Capsa die Wahrheit sprachen, wenn sie behaupteten, dass es süß sei, Gott zu dienen. Ich weiß ganz genau, dass ich noch niemals ein größeres Vergnügen gekannt habe, als den Teufel in die Hölle zu schicken. Und ich behaupte darum, dass alle Menschen, die Gott nicht dienen wollen, dumm sind.« Fortan kam sie zu diesem Zweck oftmals zu

Die Keuschheit innerhalb der Kirche ist bis heute ein unerreichbares Ideal geblieben. Zum Glück missachteten nicht alle Kleriker das Zölibat so tatkräftig wie ein Bischof von Lüttich, der fünfundsechzig uneheliche Kinder gezeugt hatte, bevor er 1274 abgesetzt wurde. »Mönch und Nonne«. Anonymer holländischer Maler, ca. 1700.

Rustico und sagte: »Mein Vater, ich bin hergekommen, um Gott zu dienen und nicht, um müßig herumzusitzen. Lasst uns den Teufel in die Hölle schicken!« Und sagte auch zuweilen, wenn sie eben dabei waren, zu ihm. »Rustico, ich weiß nicht, warum der Teufel immer wieder aus der Hölle flieht. Wenn er so gerne darinnen wäre, wie die Hölle ihn empfängt und hält, würde er niemals wieder herausgehen.«

Während das junge Mädchen nun den jungen Rustico auf solche Weise häufig ermunterte und zum Gottesdienst antrieb, zog sie ihm bald derart das Mark aus den Knochen, dass er zu frieren begann, wo jeder andere in Hitze geraten wäre. Er machte ihr darum klar, dass der Teufel nur dann bestraft und in die Hölle gejagt werden müsse, wenn er sein Haupt verwegen erhöbe. »Wir aber haben ihn, Gott sei Dank, so gedemütigt, dass er froh ist, wenn man ihn in Frieden lässt!« Damit brachte er Alibech eine Weile zur Ruhe. Als sie aber feststellte, dass Rustico sie gar nicht mehr aufforderte, den Teufel in die Hölle zu schicken, sagte sie eines Tages zu ihm: »Rustico, wenn dein Teufel auch gezähmt ist und dich nicht mehr quält, so lässt mich die Hölle deshalb doch nicht in Ruhe. Du tätest gut daran, mir mit deinem Teufel zur Hilfe zu eilen, um den Aufruhr in meiner Hölle niederzuschlagen, ebenso wie auch ich dir mit der Hölle geholfen habe, die Aufsässigkeit deines Teufels zu bekämpfen.«

Rustico, der nur von wilden Wurzeln und Wasser lebte, vermochte nur schlecht dieser Aufforderung nachzukommen und antwortete, dass viele Teufel nötig seien, um eine Hölle zu bändigen, doch wolle er alles tun, was in seinen Kräften stehe. Er stellte sie denn auch noch hin und wieder zufrieden, doch geschah es so selten, dass es nicht mehr ausmachte, als ob man eine Bohne in den Rachen eines Löwen würfe, worauf das Mädchen, das nun ihren Gottesdienst nicht so ausüben konnte, wie sie es wünschte, heftig zu murren begann.

Ein verwandter Text stammt aus einem der bedeutendsten libertinen Werke der Aufklärungszeit, dem 1748 erschienenen Roman »Thérèse philosophe« von Jean-Baptiste de Boyer. Die Schlüsselszene beruht auf einem europaweit bekannt gewordenen Skandal. Durch eine Türöffnung beobachtet Thérèse, wie der Jesuitenpater ihre ohnehin zu religiöser Trance neigende Freundin unter dem Vorwand der Buße durch Geißelung in einen Zustand der Ekstase versetzt und ihr dann eine spirituelle Durchdringung ganz besonderer Art verspricht.

Fräulein Eradice war meine zärtlichste Freundin geworden; sie vertraute mir ihre geheimsten Gedanken an. Wir trieben die gleichen frommen Übungen, wir dachten vollkommen gleich, und wir hatten vielleicht auch das gleiche Temperament; durch dies alles wurden wir unzertrennlich. Wir waren beide tugendhaft, und unsere herrschende Leidenschaft war der Wunsch, für fromm zu gelten, noch mehr aber, schließlich sogar Wunder zu vollbringen. Diese Leidenschaft beherrschte meine Freundin so mächtig, dass sie mit der Standhaftigkeit der ersten christlichen Blutzeugen alle möglichen Foltern ertragen haben würde, wenn man ihr eingeredet hätte, es könnte ihr dadurch gelingen, einen zweiten Lazarus von den Toten zu erwecken. Pater Dirrag besaß im höchsten Maße die Gabe, sie alles glauben zu machen, was er wollte.

Eradice hatte mir mehrere Male mit einer Art von Eitelkeit gesagt, der Pater teile sich nur ihr ganz und gar mit; bei den vertraulichen Unterhaltungen, die sie oft in ihrem Hause hätten, habe er ihr versichert, sie brauche nur noch wenige Schritte zurückzulegen, um eine Heilige zu werden; dies habe Gott ihm in einem Traum enthüllt; hierdurch habe er klar und deutlich erkannt, dass sie demnächst die größten Wunder verrichten würde, wenn sie fortführe, Tugend zu üben und das Fleisch ab-

zutöten. (...) Sie erbot sich, mich schon am nächsten Morgen zur Augenzeugin ihres Glückes zu machen. Du wirst sehen, sagte sie feurig zu mir, wie kräftig meine geistlichen Übungen sind, wie der gute Vater von einem Grade der Buße zum anderen mich dem Ziel entgegenführt, eine große Heilige zu werden, und du wirst nicht mehr an den Ekstasen und Verzückungen zweifeln, die eine Folge eben dieser Übungen sind. Möchte doch, meine liebe Thérèse, mein Beispiel an dir das erste Wunder wirken, dass es kraft geistlichen Nachdenkens deinen Geist völlig dem Stoff abwendet und zu Gott allein hinführt!

Am anderen Morgen ging ich der Verabredung gemäß schon um fünf Uhr zu Eradice. Ich fand sie im Gebet, ein Buch in der Hand. Sie sagte zu mir: Der heilige Mann wird gleich kommen und Gott mit ihm. Verbirg dich in jenem Kämmerchen; von dort aus kannst du hören und sehen, wie weit durch die fromme Sorge unseres Beichtvaters seine göttliche Güte für ein niedriges Geschöpf sich erstreckt.

Gleich darauf wurde leise an die Tür geklopft; ich flüchtete in die Kammer, deren Schlüssel Eradice an sich nahm. Ein handgroßes Loch in der Kammertür, das mit einer alten bergamaskischen Stickerei verdeckt war, gestattete mir, das ganze Zimmer frei zu übersehen, ohne dass ich selber bemerkt werden konnte.

Der gute Pater trat ein und sagte zu ihr: Guten Morgen, meine liebe Schwester in Gott, der heilige Geist von Sankt Franziskus sei bei Ihnen!

Sie wollte sich ihm zu Füßen werfen, er aber hob sie auf und befahl ihr, sich neben ihn zu setzen. Dann sagte der heilige Mann zu ihr: Ich muss Ihnen die Grundsätze wiederholen, von denen Sie bei allen Handlungen Ihres Lebens sich müssen leiten lassen; aber sagen Sie mir zuvor, wie es mit Ihren Wundmalen steht; ist das Stigma, das Sie auf der Brust haben, noch immer in demselben Zustande? Lassen Sie einmal sehen!

Eradice entblößte sofort ihre linke Brust, unterhalb welcher sich das Stigma befand.

Oh, oh, halten Sie ein, Schwester! Bedecken Sie Ihren Busen mit diesem Taschentuch! (Er reichte ihr ein Tuch.) Solche Dinge sind nicht für ein Mitglied unserer Gesellschaft gemacht; es wird genügen, wenn ich die Wunde sehe, die der heilige Franz Ihnen aufgedrückt hat. Ah, sie ist noch da, gut, ich bin zufrieden. Sankt Franziskus liebt Sie immer noch; die Wunde ist rosig und rein. Ich habe auch wieder das heilige Stück von seinem Strick mitgebracht; wir werden es später bei unseren Übungen nötig haben. Ich habe Ihnen schon gesagt, liebe Schwester, dass ich Sie vor allen meinen Beichtkindern, Ihren Freundinnen, auszeichne, weil ich sehe, dass der liebe Gott selber Sie vor seiner frommen Herde auszeichnet, wie die Sonne vor dem Mond vor den anderen Planeten ausgezeichnet ist. Aus diesem Grunde habe ich mich auch nicht gescheut, vor Ihnen die verborgensten Geheimnisse zu enthüllen. Ich habe Ihnen gesagt, meine liebe Schwester: Vergessen Sie sich und lassen Sie geschehen; Gott will von den Menschen nur Herz und Geist. Nur wenn Sie den Körper vergessen, kann es Ihnen gelingen, in Gott aufzugehen, eine Heilige zu werden, Wunder zu wirken. Ich kann Ihnen nicht verhehlen, mein kleiner Engel, dass ich bei unserer letzten Übung bemerkt habe, dass Ihr Geist noch dem Fleisch Untertan ist. (...) Wir wollen gewinnen, liebe Tochter: Erfüllen Sie gut Ihre Pflicht und seien Sie gewiss: Dank dem Strick des heiligen Franziskus und dank Ihren frommen Betrachtungen wird diese heilige Übung mit einem Schauer unaussprechlicher Wonne für Sie enden. Auf die Knie, mein Kind! Entblößen Sie jene Teile des Fleisches, die Gottes Zorn erregen; der Schmerz, den Sie erleiden, wird Ihren Geist in innige Verbindung mit Gott bringen. Ich wiederhole Ihnen: Ver-

gessen Sie sich und lassen Sie geschehen!

Fräulein Eradice gehorchte sofort, ohne ein Wort zu erwidern. Ein Buch vor sich hinhaltend, kniete sie auf einen Betschemel nieder. Hierauf hob sie ihre Röcke und ihr Hemd bis zum Gürtel hoch und zeigte ihre schneeweißen und vollkommen geformten runden Hinterbacken, die von zwei herrlich schönen Schenkeln getragen wurden.

Heben Sie Ihr Hemd noch höher! sagte er zu ihr. Es sitzt nicht gut. So – jetzt ist es besser. Nun falten Sie Ihre Hände und erheben Sie Ihre Seele zu Gott. Erfüllen Sie Ihren Geist mit den Gedanken an das ewige Glück, das Ihnen verheißen ist!

Der Pater zog nun seinen Schemel heran und kniete ein wenig rückwärts neben ihr nieder. Unter seiner Kutte, die er hoch schürzte und an seinem Gürtel befestigte, zog er ein dickes Bündel langer Ruten hervor, das er seiner Büßerin zum Kuss reichte.

Von einem frommen Schauer erfüllt, beobachtete ich aufmerksam diesen Vorgang; ich fühlte eine Art von Entsetzen, das ich nicht beschreiben kann. Eradice sagte kein Wort. Der Pater betrachtete mit glühenden Blicken ihre Schenkel, die er vor sich hatte; und während er seine Blicke auf sie geheftet hielt, hörte ich ihn voll Bewunderung leise flüstern: Ach, der schöne Busen! Was für reizende Brüste!

Bald bückte er sich, bald richtete er sich wieder auf, wobei er einige Bibelworte murmelte. Nichts entging seiner geilen Neugier. Nach einigen Minuten fragte er die Büßerin, ob ihre Seele in Andacht sei.

Ja, ehrwürdigster Vater! Ich fühle, dass meine Seele sich vom Fleisch loslöst, und ich flehe Sie an, das heilige Werk zu beginnen.

Dies genügt. Ihr Geist wird zufrieden sein.

Er sagte noch einige Gebete her, und die Zeremonie begann

mit drei ziemlich leichten Rutenschlägen, die er ihr auf den Hintern versetzte. Diesen drei Schlägen folgte ein Bibelvers, den er hersagte. Hierauf kamen wieder drei Rutenstreiche, etwas stärker als die ersten.

Nachdem er fünf oder sechs Verse hergesagt und jedes Mal auf die gleiche Art unterbrochen hatte, sah ich plötzlich zu meiner höchsten Überraschung den Pater Dirrag seine Hose aufknöpfen, und es schoss ein glühender Pfeil hervor, der jener verhängnisvollen Schlange glich, um welche mein früherer Beichtvater mich gescholten hatte.

Das Ungeheuer war so lang, so dick und so fest wie jenes, von denen der Kapuziner gesprochen hatte; ich schauderte vor Entsetzen. Der rote Kopf dieser Schlange schien Eradices Hinterbacken zu bedrohen, die von den Schlägen eine wunderschöne rote Farbe angenommen hatten. Das Gesicht des Paters glühte.

Sie müssen jetzt, sagte er, im Zustande vollkommener Andacht sein: Ihre Seele muss von den Sinnen losgelöst sein. Wenn meine Tochter meine frommen Hoffnungen nicht enttäuscht, so sieht, hört, fühlt sie nichts mehr.

In demselben Augenblicke ließ der grausame Mensch einen Hagelschauer von Schlägen auf Eradices Körperteile niedersausen, die sie entblößt hatte. Sie sagte jedoch kein Wort dabei; sie war anscheinend unbeweglich und ganz gefühllos gegen diese entsetzlichen Schläge; ich bemerkte an ihr nur eine krampfhafte Bewegung ihrer beiden Hinterbacken, die sich jeden Augenblick zusammenzogen und wieder ausdehnten.

Ich bin mit Ihnen zufrieden, sagte er zu ihr, nachdem er sie eine Viertelstunde lang auf diese grausame Art gezüchtigt hatte. Es ist Zeit, dass Sie die Früchte Ihrer heiligen Arbeiten zu genießen beginnen. Hören Sie nicht auf mich, meine liebe Tochter, aber lassen Sie sich leiten. Werfen Sie sich mit dem Gesicht zur

Erde nieder; ich werde mit dem ehrwürdigen Strick des heiligen Franziskus alles Unreine vertreiben, das noch in Ihnen ist.

Der gute Pater brachte sie nun in eine Stellung, die allerdings erniedrigend, aber für seine Absichten sehr bequem war. Niemals hatte ich meine Freundin so schön gesehen: Ihre Hinterbacken waren halb geöffnet, und ich sah den doppelten Weg zur Wonne offen vor mir liegen.

Nachdem der Mucker sie einen Augenblick bewundert hatte, benetzte er den sogenannten Strick mit Speichel, hierauf sprach

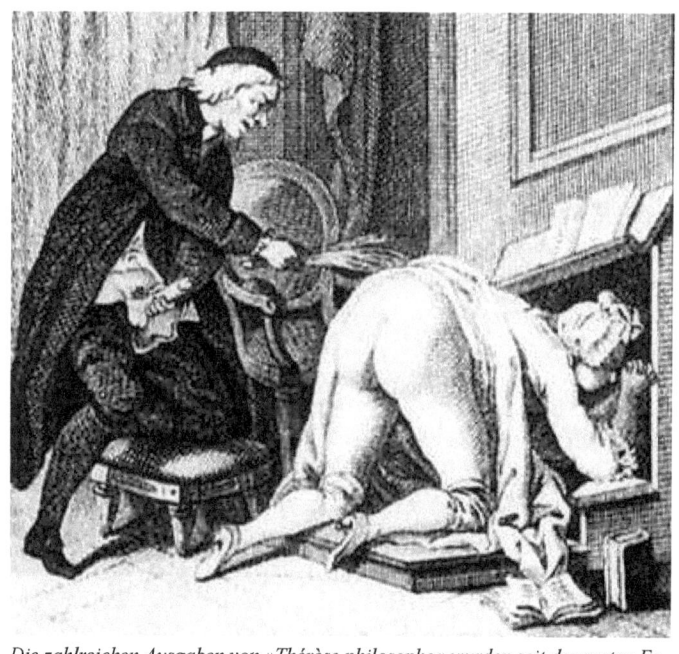

Die zahlreichen Ausgaben von »Thérèse philosophe« wurden seit der ersten Erscheinung 1748 immer wieder von den besten zeitgenössischen Kupferstechern ausgestattet, darunter Delcroche (1780), Binet (1782) und Borel, der diese Gravur um 1800 schuf.

81

er einige Worte im Tone eines Priesters, der durch seine Be-
schwörung den Teufel aus dem Leibe eines Besessenen aus-
treibt, und dann begann der ehrwürdige Herr den Strick hin-
einzuschieben.

Ich konnte von meinem Platz aus den geringsten Umstand des
ganzen Vorganges sehen; die Fenster des Zimmers lagen der
Tür der Kammer gegenüber, worin ich eingeschlossen war.
Eradice kniete auf dem Fußboden; ihre Arme hatte sie über den
Fuß ihres Betschemels gekreuzt, und ihren Kopf stützte sie auf
die Arme. Ihr Hemd war sorgfältig bis zum Gürtel aufgehoben,
und ich konnte halb von der Seite ihren Hintern und eine
Rückenlinie von herrlicher Schönheit sehen. Dieser lockende
Anblick fesselte die Aufmerksamkeit des ehrwürdigsten Vaters,
der sich selber auf die Knie geworfen hatte. Er hatte die Beine
seines Beichtkindes zwischen die seinigen geklemmt, seine Ho-
sen hatte er heruntergelassen, in der Hand hielt er seinen
schrecklichen Strick, und in dieser Stellung murmelte er einige
unverständliche Worte.

In dieser erbaulichen Stellung verharrte er einige Augenblicke;
er musterte den Altar mit glühenden Blicken und schien unent-
schlossen zu sein, in welcher Form er das Opfer darbringen
wollte. Zwei Mündungen boten sich ihm; ungewiss, welche er
wählen sollte, verschlang er sie beide mit den Augen. Die eine
war ein Leckerbissen für einen solchen Kuttenträger; aber er
hatte seiner Büßerin Wonne, Verzückung versprochen. Wie sollte
er's also anfangen? Mehrere Male wagte er es, mit der Spitze
seines Werkzeugs leise an die Lieblingstür zu pochen; endlich
aber war die Klugheit stärker als die Lust. Ich muss ihm die
Gerechtigkeit widerfahren lassen: Ich sah deutlich den rötlichen
Priap Seiner Ehrwürden den kanonischen Weg einschlagen,
nachdem der fromme Herr mit dem Daumen und Zeigefinger
jeder Hand die rosigen Schamlippen zart zur Seite geschoben.

Die Arbeit begann mit drei kräftigen Stößen, durch die er ungefähr die Hälfte hineinbrachte; dann verwandelte sich plötzlich die anscheinende Ruhe des Paters in eine Art von Wut. Welch ein Gesicht: Gott, stellen Sie sich, Herr Graf, einen Satter vor, der offenen Mundes mit schaumbedeckten Lippen bald mit den Zähnen knirscht, bald wie ein Stier schnauft, der brüllen will. Seine Nüstern waren leicht geöffnet und zitterten. Seine Hände hielt er einige Fingerbreit über Eradices Hinterteil; ich sah, dass er es nicht wagte, sich mit ihnen aufzustützen; seine Finger waren krankhaft gespreizt und sahen aus wie die Pfoten eines gebratenen Kapauns. Den Kopf hielt er gesenkt, und seine funkelnden Augen hafteten fest an der Arbeit des sogenannten Stricks, dessen Hin und Her er genau bemaß, so dass er beim Zurückziehen niemals die Scheide verließ und dass beim Eindringen sein Bauch niemals den Hintern der Büßerin berührte, die sonst leicht hätte ahnen können, woran der angebliche Strick befestigt war. Welche Geistesgegenwart! Ich sah, dass ungefähr eines Daumens Breite des heiligen Werkzeuges beständig draußen blieb und nicht an dem Fest teilnahm. Ich sah, dass bei jeder Rückwärtsbewegung des Paters die Schamlippen des Fräulein Eradice sich halb öffneten und mit ihrer lebhaften rosigen Färbung einen entzückenden Anblick boten. Wenn dagegen der Pater sich vorwärts bewegte, so sah ich von diesen Schamlippen nichts mehr als die feinen schwarzen Haare, die sie bedeckten; dann umschlossen sie den Pfeil so eng, dass er von ihnen verschlungen zu sein schien und dass man kaum erraten konnte, welcher von den beiden handelnden Personen jener Zapfen angehörte, an welchem sie beide befestigt zu sein schienen.

Welches Schauspiel, mein lieber Graf, für ein junges Mädchen, das von derartigen Geheimnissen gar nichts wusste! Die ver-

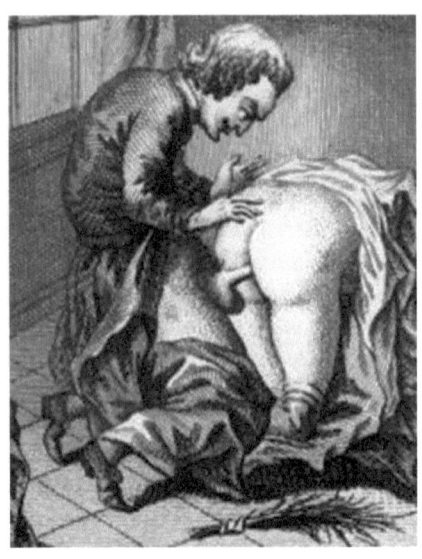

schiedensten Gedanken gingen mir durch den Kopf, aber es waren lauter ganz unbestimmte Vorstellungen; ich erinnere mich nur, dass ich zwanzigmal auf dem Sprunge stand, mich dem berühmten Beichtvater zu Füßen zu werfen und ihn zu beschwören, es mit mir ebenso zu machen, wie mit meiner Freundin. War dies Frömmigkeit? War es fleischliche Begierde? Selbst jetzt könnte ich dies nicht genau sagen.

Doch zurück zu unserem frommen Paar! Die Bewegungen des Paters wurden schneller; kaum vermochte er sich noch im Gleichgewicht zu halten. Sein Körper bildete jetzt vom Kopf bis zu den Füßen ungefähr die Form eines S, dessen vordere Ausbauchung sich waagerecht hin und her bewegte.

Ist dein Geist jetzt zufrieden, meine kleine Heilige? fragte er mit einem tiefen Seufzer; ich, ich sehe alle Himmel offen, die

Gnade entrückt mich von der Erde, ich ...

Ach, ehrwürdiger Vater, rief Eradice, welche Wonne stachelt mich! Ja, ich genieße himmlisches Glück; ich fühle, dass mein Geist ganz und gar vom Stoff befreit ist. Verjagen Sie, Vater, verjagen Sie alles Unreine, das noch in mir ist. Ich sehe ... die ... Engel; stoßen Sie stärker ... Tiefer ... Stoßen Sie doch ... Ach ...! Ach ...! Guter ... heiliger Franz! Verlass mich nicht! Ich fühle den Stri ... Stri ... Strick ... Ich kann nicht mehr ... Ich sterbe ...!

Der Pater fühlte ebenfalls die höchste Wonne nahen; er stieß, stammelte, schnaufte, stöhnte.

Eradices letzte Worte aber waren für ihn das Signal zum Rückzuge. Ich sah die stolze Schlange, die ganz demütig geworden war, schaumbedeckt herauskriechen.

Alles verschwand wieder in der Hose; der Pater ließ seine Kutte herab und ging mit schwankenden Schritten nach dem Betschemel. Er kniete hin, wie wenn er betete, befahl seinem Beichtkinde aufzustehen, sich zu bedecken und dann neben ihm zu knien, um Gott für die Huld zu danken, die sie von ihm empfangen habe.

Was soll ich Ihnen noch weiter sagen, mein lieber Graf? Dirrag entfernte sich, Eradice öffnete mir die Kammertür, fiel mir um den Hals und rief: Ach, meine liebe Thérèse nimm teil an meiner Seligkeit! Ja, ich habe das Paradies offen gesehen, ich habe das Glück der Engel geteilt. Welche Wonnen, liebe Freundin, für einen Augenblick des Schmerzes! Dank dem heiligen Strick war meine Seele beinahe ganz vom Irdischen losgelöst. Du hast wohl gesehen, auf welchem Wege unser guter Beichtvater ihn in meinen Leib eingeführt hat. Nun, ich versichere dir, ich fühlte ihn bis an mein Herz eindringen; noch ein bisschen weiter, und ich wäre ganz gewiss auf immer zu den Seligen im Himmel gekommen!

Schon Ovid schrieb in seinen Liebesgedichten: »Wir streben immer nach dem Verbotenen und begehren, was uns versagt ist.« Das Verbot weckte von jeher die Lust, sich darüber hinwegzusetzen. Umso mehr, wenn es sich um die fundamentalste menschliche Lebensäußerung, den Sexualtrieb handelt. Nicht umsonst gehören Mönche und Nonnen seit dem Mittelalter zur beliebtesten Besetzung erotischer Werke des Abendlandes, in der Literatur wie in der Kunst. Casanova, der größte Verführer aller Zeiten, der in seiner Jugend eine kirchliche Karriere anstrebte und sich vorgenommen hatte, es bis zum Papst zu bringen, hatte eine ganz besondere Vorliebe für Nonnen. In seinen Memoiren erinnert er sich an die geheimnisvolle Mutter M. M. aus Murano, die ihm in Briefen ihre Leidenschaft erklärt hatte. *Ich verbrachte die beiden Tage des Wartens in solcher Freude und Ungeduld, dass ich nicht essen noch schlafen konnte; mir schien, ich hätte noch niemals solches Glück in der Liebe gehabt, oder vielmehr: mir schien als sollte ich zum ersten Mal in meinem Leben wirklich glücklich sein. Meine Eroberung war von vornehmer Herkunft, war schön und geistvoll; aber zu diesen tatsächlichen Vorzügen kam noch ein eingebildeter hinzu, der nun mein Glück beinahe unfassbar machte: Ich hatte mit einer Vestalin zu tun. Eine verbotene Frucht wurde mit geboten, und wer wüsste nicht, dass seit Evas Tagen bis auf unsere Zeit gerade die verbotene Frucht uns am süßesten dünkt. Ich sollte einem allmächtigen Gatten ins Gehege kommen; und darum stand in meinen Augen M. M. hoch über allen Königinnen.*

Die Angebetete von Frank Harris, jenem Autobiographen, der im Jahrhundert darauf den Ruf eines berüchtigten Verführers genoss, war zwar keine Himmelsbraut, dafür durfte er seine erste sexuelle Begegnung während der Kirchenchorprobe auskosten.

Unsere Träume sind frei, wer kann sie erraten ... Hätte diese junge Nonne ihre Fantasien preisgegeben, Freud wäre begeistert gewesen. Karl Brjullow, 19. Jh.

Vor jedem größeren Ereignis im Gotteshaus setzte der Kantor einige Proben an, und da unsere Jungenstimmen nicht ausreichten, erhielten wir durch Mädchen Verstärkung. Nur eines dieser Mädchen sang Alt. Der Kantor sonderte die einzige Altistin deshalb gemeinsam mit mir von den anderen Mädchen und Jungen ab. Das Klavier stand schräg in einer Ecke des Raumes, und wir beide saßen oder standen, für die anderen Sänger fast unsichtbar, hinter dem Instrument. Der Kantor saß natürlich, um jederzeit spielen zu können, vor dem Piano. Das Mädchen E., meine Mit-Altistin, war ungefähr in meinem Alter. Die Kleine war ausnehmend hübsch. Wenigstens hielt ich sie dafür: goldblondes Haar und blaue Augen. Auf meine jungenhafte Art suchte ich ständig, so gut ich es zu tun vermochte zu gefallen. Als der Kantor eines Tages etwas erklärte, kletterte E. auf ihren Stuhl und beugte sich, um besser sehen oder hören zu können, mit dem Oberkörper über das Klavier. Ich saß auf meinem Stuhl hinter ihr, und unwillkürlich fiel mein Blick auf ihre Beine. Ihr Rock war, da sie sich weit nach vorne lehnte, hochgerutscht. Der Anblick ließ meinen Atem stocken. Ihre Beine, fand ich, waren hinreißend, und ich spürte die Versuchung, sie zu berühren. Sehen konnte es niemand.

Ich stand sofort auf und stellte mich neben den Stuhl, auf dem sie stand. Wie beiläufig ließ ich meine Hand ihr linkes Bein berühren. Sie zuckte nicht zurück oder sie schien meine Hand nicht zu bemerken. Das machte mich kühner. Sie bewegte sich noch immer nicht, obgleich sie meine Hand nun längst gefühlt haben musste. Langsam ließ ich sie ihr Bein hinaufgleiten, und plötzlich fühlten meine Finger das warme Fleisch ihres Schenkels oberhalb des Knies, wo die Strümpfe endeten. Das Berühren ihres warmen Fleisches erregte mich so, dass ich plötzlich ein Würgen im Hals spürte. Höher und höher wanderte meine Hand, es wurde wärmer und wärmer. Bis ich unvermittelt ihr Geschlecht berührte. Ich fühlte einen weichen Flaum. Das Herz schlug mir in der Kehle. Ich habe keine Worte, die Macht meiner Erregung zu beschreiben.

Gott sei Dank! E. stand wie versteinert. Nicht das leiseste Anzeichen verriet, dass ihr mein Handeln missfiel. Die Neugier in mir war stärker als das Begehren. Meine Hand umschloss

Bild rechts: Ähnlich wie Frank Harris erhitzte der österreichische Maler Egon Schiele mit seinen Tabubrüchen die Gemüter. Das frühe 20. Jahrhundert war noch nicht reif für diese sexuelle Offenheit. Frank Harris' Autobiografie landete sofort auf dem Index und Egon Schiele bescherten seine erotischen Zeichnungen einen 24-tägigen Aufenthalt im Gefängnis. »Masturbierendes Mädchen«, 1910.

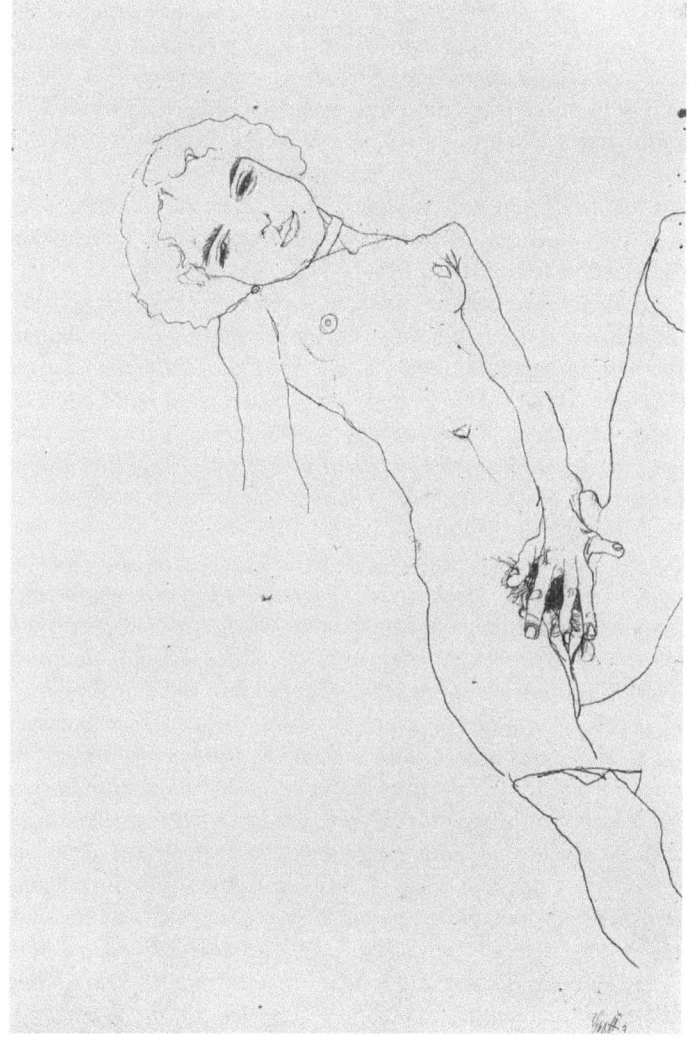

ihr Geschlecht, und plötzlich kam mir der Gedanke, dass es Ähnlichkeit mit einer Feige hatte. (Die Italiener nannten es, wie ich später erfuhr, in familiärer Umgangssprache fica.) Ich spürte auch, wie es sich den Bewegungen meiner Finger anpasste. Vorsichtig führte ich sie ein, so wie Mary es Strangways Bericht nach zu tun gelehrt hatte. Immer noch rührte E. sich nicht. Zärtlich strich ich mit meinem Finger über die äußeren Teile ihres Geschlechts. Ich hätte sie aus Dankbarkeit tausendmal küssen können.

Da ich mich noch immer nicht zufrieden gab, fühlte ich endlich, dass sie eine leise Bewegung machte. Einmal und noch einmal. Offenbar um mir zu zeigen, an welcher Stelle ihr meine Berührung das größte Wohlbehagen bereitete. Ich hätte sterben mögen vor Glück. Wieder bewegte sie sich, und ich konnte eine kleine Erhebung, einen zierlichen Knopf aus Fleisch ertasten. Just an der Stelle, wo ihre Schamlippen zusammenstießen. Es war natürlich ihre Klitoris.

Bis zu diesem Augenblick hatte ich nie mehr an die Doktorbücher des alten Methodisten gedacht. Plötzlich wurde das Fragment längst vergessenen Wissens wieder lebendig: zärtlich rieb ich die Klitoris. Im gleichen Augenblick drückte sie einen Herzschlag lang meine Hand. Ich versuchte, meinen Finger in die Vagina einzuführen. Aber da zuckte sie zurück, unerwartet und schnell, und presste ihr Geschlecht zusammen, als sei sie verletzt worden. So fuhr ich fort, ihren Kitzler zu liebkosen.

Mit einem Schlag war das Wunder zu Ende. Der verflixte Kantor hatte den neuen Psalm lange genug erläutert, und als er die ersten Töne auf dem Klavier anschlug, presste E. ihre Beine ganz dicht zusammen. Ich nahm meine Hand weg, und sie stieg vom Stuhl herunter. »Darling, du«, flüsterte ich. »Darling!« Aber sie runzelte die Stirn und lächelte mich dann, kaum erkennbar, an, um mir zu zeigen, dass ich sie nicht beleidigt hatte.

Oh, wie wunderbar, wie verführerisch erschien sie mir jetzt, tausendmal schöner und begehrenswerter als je zuvor. Wie wir uns wieder erhoben, um zu singen, flüsterte ich ihr zu: »Ich liebe dich, ich liebe dich – du!«

Ich kann für die Sturmflut der Dankbarkeit in mir keine Worte finden: E. war so gut zu mir, es war so lieb von ihr, mich ihr Geschlecht berühren zu lassen. Sie hatte mir das Tor zum Paradies geöffnet und mich die verborgenen Geheimnisse geschlechtlicher Wonne auskosten lassen. Noch nach über fünfzig Jahren ist das Entzücken in mir wach, das sie mir durch ihr schweigendes Einverständnis schenkte, und die leidenschaftliche Verehrung, die meine Dankbarkeit gebar, ist unverändert in mir lebendig.

Gustav Klimt. Studie für seine weltbekannte »Danae«, um 1907.

91

»Paolo und Francesca«. Johann Heinrich Füssli, ca. 1785.

4.

L'Age d'or

Wenn Knie, Brüste beben vor Verlangen.
Der Kitzel, der Erguss, belebend, ja!
Oh, süßer Schauder, oh, Erlösung - Ah!

Aus »Versuch über das Frauenzimmer«
John Wilkes (1727-1797)

Dass die Liebe auch spielerisch und mit Freude erlebt werden kann, wussten bis vor nicht allzu langer Zeit nur die wenigsten Frauen. Beim einfachen Volk ging es um Triebbefriedung oder christliche Pflichterfüllung. Und auch beim Adel waren Liebe und Ehe zwei ganz verschiedene Dinge. Meist wurde ein Ehevertrag aus geschäftlichen Erwägungen geschlossen, in dem persönliche Neigung keine Rolle spielte. Geistig unabhängige Frauen, denen das gesellschaftliche Korsett zu eng geworden war, nahmen im Venedig des achtzehnten Jahrhunderts nicht selten freiwillig den Schleier, um wie Casanovas geliebte M. M. ein libertines Doppelleben zu führen.

Ich fand mich eine Stunde vor der angesetzten Zeit zum Stelldichein ein, und obwohl die Nacht kalt war, fühlte ich doch keine Kälte. Zur angegebenen Stunde sah ich eine zweirudrige Barke kommen und eine Maske aussteigen und die Richtung nach der Statue hin nehmen. Je näher sie kam, desto lauter schlug mein Herz. Da ich merkte, dass es ein Mann, wich ich aus und machte mir Vorwürfe, dass ich meine Pistolen nicht mitgenommen. Aber die Maske geht um die Statue herum und redet mich an, indem sie mir zugleich die Hand reicht; ich erkenne meinen Engel. Sie lacht über meine Verwunderung, hängt sich an meinen Arm, und ohne miteinander zu sprechen, schlagen wir die Richtung nach dem Sankt-Markus-Platze ein; wir begeben uns nach meinem Kasino. Ich fand alles nach Wunsch angeordnet; wir gehen die Treppe hinauf, und schnell entledige ich mich meines Maskenanzuges. Aber M. M. belustigt sich damit, hin und her zu gehen und alle Winkel des köstlichen Ortes, in welchem sie sich aufgenommen sieht, zu durchsuchen. Sie war erstaunt über den Zauber, welcher ihr ihre reizende Person tausendfach zeigte. Ihre vielfältigen Porträts, welche die Spiegel vermittelst der zu diesem Zwecke aufgestellten

*Kerzen widerstrahlten, waren für sie ein ganz neues Schauspiel,
von welchem sie ihre Blicke nicht losmachen konnte. Auf einem
Taburett sitzend, beobachtete ich mit Entzücken die Eleganz
ihrer Person. Sie trug einen Rock von rosa Samt, welcher mit
silbernen Flittern verziert war, eine Weste á l'avenant, gestickt
und außerordentlich reich, Hosen von schwarzem Atlas, Schuh-
schnallen von Brillanten, am kleinen Finger einen sehr wert-
vollen Solitär und an der anderen Hand einen Ring, der
auswendig nur weißen Atlas mit Kristall bedeckt zeigte. Damit
ich sie besser sehen könne, stellte sie sich aufrecht vor mich
hin. Ich durchsuchte ihre Taschen und fand eine goldene Dose,
eine mit Perlen verzierte Bonbonniere, ein goldenes Etui, eine
prachtvolle Lorgnette, sehr feine Batisttaschentücher, welche
mit kostbarsten Essenzen mehr getränkt als parfümiert waren.
Ich betrachtete aufmerksam den Reichtum und die Arbeit ihrer
beiden Uhren, ihrer Ketten, ihrer mit kleinen Diamanten besetz-
ten Berlocken. Endlich finde ich eine Pistole, es war eine
englische von schönstem Stahl und von herrlicher Arbeit.*

*«Alles, was ich sehe, teure Freundin, ist deiner wert; aber ich
kann mich nicht enthalten, meine Bewunderung für das außerordentliche, ich möchte fast sagen, anbetungswürdige Wesen
auszusprechen, welches dich überzeugen will, dass du wirklich
seine Gebieterin bist. Es ist ein erstaunlicher Mann, ich wiederhole es, und nach einem Muster zugeschnitten, welches nur für
ihn benutzt worden ist. Ein Liebhaber von diesem Schlage ist
einzig, und ich sehe wohl, dass ich ihm nicht gleichkommen
kann, wie ich auch fürchte, ein so blendendes Glück nicht zu
verdienen.»*

»Erlaube mir, mich allein zu demaskieren.«

»Du bist Herrin deines Willens.«

*Eine Viertelstunde darauf kehrte meine Geliebte zurück. Sie
war als Mann frisiert: ihr Haupthaar, welches mit einer Schleife*

schwarzen Bandes befestigt war, fiel bis über die Kniekehle herab, und ihre Formen gaben das Bild des Antinous. Ich unterlag einem Zauber, und mein Glück schien mir völlig unbegreiflich.

Sie fror, wir setzten uns an das Feuer, und da ich es vor Ungeduld nicht mehr aushalten konnte, so machte ich eine Brillanten-Agraffe los, welche ihr Jabot* zusammenhielt. Leser, es gibt so lebhafte und süße Empfindungen, dass die Jahre kaum die Erinnerung daran schwächen und die Zeit sie nie zerstören kann! Mein Mund hatte schon diesen bezaubernden Busen mit Küssen bedeckt, aber das lästige Korsett hatte mir nicht gestattet seine ganze Vollkommenheit zu bewundern. Jetzt fühlte ich ihn frei von jedem Zwange und jeder unnützen Unterstützung: ich habe nie etwas Schöneres gesehen und gefühlt, und die beiden bewunderungswerten Halbkugeln der mediceischen Venus, wären sie auch durch den Prometheusfunken belebt worden, würden vor denen meiner göttlichen Nonne erblasst sein.

Ich brannte vor Begierde und schickte mich an, diese zu befriedigen, als das bezaubernde Weib mich mit einem einzigen Worte beruhigte: »Warten wir bis nach dem Abendessen.«

Ich klingle; sie fährt zusammen.

»Beruhige dich, Freundin.« Ich zeigte ihr nun das Geheimnis. »Du kannst deinem Freunde sagen, dass dich niemand gesehen hat.«

»Er wird deine Aufmerksamkeit bewundern und erraten, dass du in der Kunst zu gefallen nicht Neuling bist. Aber es ist offenbar, dass ich nicht allein die Herrlichkeiten dieses reizenden Ortes mit dir genieße.«

»Du hast Unrecht; glaube mir aufs Wort: du bist die erste Frau, die ich hier gesehen. Du bist nicht meine erste Leidenschaft, angebetetes Weib, aber du wirst meine letzte sein.«

96

---

* *Volant aus Batist oder Spitze, der an beiden Seiten des Brustschlitzes eines Männerhemdes angenäht wurde und aus der Weste hervorlugte.*

Diese Illustration von Konstantin Somow zu dem von Franz Blei 1907 herausgegebenen »Lesebuch der Marquise« gibt treffend die verspielte und für den Liebhaber schöner Venuskugeln äußerst reizvolle Mode zu Casanovas Zeiten wieder.

Erotische Silhouette aus dem »Lesebuch der Marquise«.
Konstantin Somow zwischen 1907 und 1918.

»Ich werde glücklich sein, wenn du beständig bist. Mein Liebhaber ist es: er ist sanft, gut, liebenswürdig, aber mein Herz ist
bei ihm immer leer geblieben.«

»Das seinige muss es ebenfalls sein; denn wenn seine Liebe
von der Art der meinigen wäre, würde ich nie durch dich glücklich geworden sein.«

»Er liebt mich, wie ich dich liebe, und glaubst du nicht, dass
ich dich wahrhaft liebe?«

»Ich glaube es gern, aber du würdest mir nicht gestatten - -«

»Sei still, denn ich fühle, dass ich dir alles würde verzeihen können, vorausgesetzt, dass du mir nichts verbirgst. Die Freude, welche ich in diesem Augenblicke empfinde, entspringt mehr aus der Hoffnung, dass dir nichts mehr zu wünschen übrig bleiben wird, als aus der Idee, eine köstliche Nacht mit dir zuzubringen. Es wird die erste meines Lebens sein.«

»Wie! Du hast noch keine mit deinem Liebhaber zugebracht?«

»Mehrere, aber die Freundschaft, die Gefälligkeit und vielleicht die Dankbarkeit bestritten alle Kosten: das Wesentliche, die Liebe fehlte. Nichtsdestoweniger gleicht dir mein Liebhaber; er hat einen geweckten Geist nach Art des deinigen, und hinsichtlich der Figur ist er auch gut bestellt; aber er ist nicht du. Ich halte ihn auch für reicher, obwohl dieses Kasino mich das Gegenteil glauben lassen könnte; aber was hat der Reichtum mit der Liebe zu schaffen! Und glaube nur nicht, dass ich dich weniger hoch stelle als ihn, weil du dich des Heroismus, mir eine Abschweifung zu gestatten, für unfähig erklärst; im Gegenteil weiß ich, dass du mich nicht so lieben würdest, wie du mich zu meiner Freude liebst, wenn du mir sagen wolltest, dass du für meine Phantasie dieselbe Nachsicht wie er hättest.«

»Sollte er die einzelnen Umstände dieser Nacht kennenzulernen wünschen?«

»Er wird mir ein Vergnügen zu erweisen glauben, wenn er mich um Auskunft darüber bittet, und ich werde ihm alles sagen, ausgenommen die Umstände, welche ihn demütigen könnten.«

Nach dem Abendessen, welches sie köstlich fand, machte sie Punsch, und sie verstand sich darauf; aber da ich fühlte, wie meine Ungeduld zunahm, so sagte ich: »Bedenke, dass wir nur sieben Stunden vor uns haben, und dass wir um sie betrogen werden würden, wenn wir sie so zubringen wollten.«

»Du sprichst besser als Sokrates«, sagte sie, »und deine Beredsamkeit überzeugt mich, komme.«

Sie führte mich in das reizende Toilettenkabinett, wo ich ihr die schöne Nachtmütze schenkte und die Bitte hinzufügte, sich als Frau zu coiffieren. Sie empfing sie mit Freuden und bat mich, mich im Salon zu entkleiden; sobald sie sich niedergelegt haben würde, versprach sie mich zu rufen. Ich wartete nicht lange; denn wenn das Vergnügen im Spiele ist, so macht die Sache sich rasch. Trunken vor Liebe und Glück sank ich in die Arme, und sieben Stunden hindurch gab ich ihr Beweise meiner Glut.

Endlich ertönte das verhängnisvolle Geklingel; wir mussten unsern Entzückungen Einhalt tun, aber ehe sie sich meinen Armen entwand, erhob sie die Augen zum Firmament, wie um dem göttlichen Meister zu danken, dass sie gewagt, mir ihre Leidenschaft zu erklären.

Das 18. Jahrhundert gilt als das goldene Zeitalter, das L'age d'or der erotischen Literatur. In dieser Epoche etablierte sich der erregende Roman als eigenständiges Genre. Einen der herausragendsten Beiträge zur Weltliteratur lieferte John Cleland mit *Fanny Hill.* Cleland wurde im Jahre 1707 in England geboren und geriet durch sein bewegtes Leben, das ihn bis nach Indien führte, in finanzielle Schwierigkeiten, aus denen er sich durch den Auftrag, ein erotisches Buch zu schreiben, zu befreien versuchte. Wegen seiner *Memoiren eines Freudenmädchens*, die 1749 erstmals in London erschienen, musste er sich vor Gericht verantworten und erhielt vom Gerichtspräsidenten großzügigerweise eine Pension zugesprochen, um nicht wieder gezwungen zu sein, sich mit einem »Werk dieser Art« zu beschäftigen. Die Toleranz der Geschworenen konnte eigentlich nur von der literarischen Qualität des Romans herrühren. Bei allen sexuellen Ausschweifungen, jede vulgäre oder obszöne Ausdrucksweise hat Cleland tunlichst vermieden. Unermüdlich erfindet er neue Namen für Gegenstände und Handlungen der Lust und seine

Umschreibungen und Metaphern bleiben bei aller Eindeutigkeit frei von peinlichen Grobheiten, sodass selbst gewagte Schilderungen körperlicher Liebe nie anstößig wirken. Hier bekommt der junge William, Kurier von Fannys reiferem Gönner, eine Kostprobe ihrer virtuosen Liebeskunst.

Wir mögen sagen, was wir wollen, aber gewiss ist es: Wir können mit denen am freiesten und behaglichsten für uns leben, die uns am meisten gefallen, ich will nicht einmal sagen, die uns am meisten lieben. Diesem guten Knaben gegenüber, dessen ganze Kunst zu lieben in der Handlung selbst bestand, konnte ich ohne Rücksicht und achtungsvolle Furcht allen meinen Begierden die Zügel schießen lassen und jede Laune befriedigen, die meine Einbildungskraft ersann. Mein großes Vergnügen lag jetzt darin, allen Mutwilligkeiten, allen wollüstigen Einfällen eines frischen Neulings nachzugeben, dessen Gefühl für den heißen Genuss der Liebe noch nicht abgestumpft war.

Er näherte sich meinem Bette, und als er seine Bestellung stammelte, konnte ich seine aufsteigende Röte und seine Augen voller Feuer blitzen sehen über meine Stellung, die seinen wollüstigen Wünschen so günstig war, als wenn er das Spiel vorher bestellt hätte.

Ich lächelte und reichte ihm meine Hand hin, vor der er niederkniete (eine Höflichkeit, die ihn nur die Liebe, diese große Lehrmeisterin, gelehrt hatte) und sie feurig küsste. Nachdem wir ein paar verworrene Fragen und Antworten gewechselt hatten, fragte ich ihn, ob er zu mir ins Bett kommen wolle für die kurze Zeit, die ich ihn bei mir behalten dürfe. Das hieß einen vor Hunger sterbenden Menschen fragen, ob er ein Gericht nehmen wolle, das ganz nach seinem Geschmack aufgetischt ist. Ohne sich zu bedenken, warf er in einem Augenblick alle seine Kleider ab und kam, noch tiefer errötend über diese neue

Freiheit, zu mir unter die Decke, die ich aufhob, um ihn aufzunehmen. Und nun war er, das erste Mal in seinem Leben, mit einem Frauenzimmer im Bette.

Hier begann er mit den zärtlichen Präliminarien, die vielleicht ebenso wonnevoll sind wie der krönende Akt des Genusses; oft erwecken sie eine Ungeduld, durch welche das Vergnügen sich selbst zerstört, da sie die letzte Periode herbeijagt und die Szene einer Wonne schließt, bei der die handelnden Personen allgemein zu wohlbefriedigt von ihrer Rolle sind, um ihr nicht einer Ewigkeit Dauer zu wünschen.

Nachdem wir uns hinlänglich genug und stufenweise dem Hauptpunkte durch Küssen, Kneifen, Befühlen genähert hatten und er jetzt den Teil an mir fühlte, den ich, wegen der ungemäßigten Hitze, die seine Finger da erregten, ein Ofenloch nennen kann, nahm mein junger Jäger, dreist gemacht durch diese Freiheit, mutwillig meine Hand und führte sie zu der großen, ungeheuren Maschine, die dastand, mit ihrer Steifigkeit, ihrer Härte, ihrem Drange nach oben, und die ihm zugleich mit dem herabhängenden Beutel, dem Behältnis der Wohltäter, einen Anblick von gediegenem Wohlstand gab! Sein Umfang spottete des Maßes und erneuerte meine Schrecken. Ich begriff nicht, wie und auf welche Art ich ein solches Ungeheuer dem Anblick entziehen und in mich hineinstecken könne! Ich streichelte ihn sanft, wobei der aufrührerische Schelm noch mehr anschwoll und einen neuen Grad von Vermessenheit und Furchtbarkeit zu erhalten schien, so dass ich glaubte, es sei nun nicht länger zu spaßen, und mich auf den Angriff vorbereitete.

Nachdem ich mir nun also ein Kissen untergelegt hatte, damit er besser agieren könne, führte ich mit meiner Hand die ungestüme, schreckliche Bohrmaschine an ihr eigentliches Ziel, das so bequem dalag, wie wir nur wünschen konnten, da meine Hüften hoch lagen und meine Lenden bis zur äußersten Ausdeh-

»Fanny Hill« wurde durch die Jahrhunderte hindurch immer wieder illustriert, von verhalten elegant bis schamlos pornographisch. Berühmt sind die unten abgebildeten Darstellungen von Édouard-Henri Avril zu einer Pariser Ausgabe von 1906. Oben: Kupferstiche aus den Jahren 1766 und 1887.

nung ausgebreitet waren. Die Hitze, die herausströmte, ließ ihn fühlen, dass er an der Mündung des Einlasses sei, und als er nun vorwärtstrieb, empfing ihn die Öffnung dieses vergnügungsdurstigen Kanals. Er hielt einen Augenblick an; nachdem er sich aber in der Durchfahrt zurechtgefunden hatte, verfolgte er seinen Weg durch die enge Straße und erweiterte mit einer Kraft, die mir angenehm war, den Weg, so dass er jede Falte sanft ausdehnte. Unser Vergnügen wurde immer größer, je mehr Punkte der gegenseitigen Berührung in diesem empfindlichsten Teile zusammentrafen, in den er jetzt ganz hineingedrungen und eingehüllt war. Und dies verursachte eine so enge Umhüllung, ein so inniges Ansaugen, dass unser gegenseitiges Vergnügen unaussprechlich wurde.

Jetzt hatten wir den höchsten Punkt der Vereinigung erreicht. Als er aber zurückzog, um mit desto größerer Kraft wieder hineinzustoßen, war es, als wenn mich die Furcht trieb, ihn zu verlieren; in der Erregung schlang ich meine Beine um seine nackten Lenden, an denen das feste, unter der Berührung so elastische Fleisch dem Drucke entgegenquoll. Nun hatte ich ihn auf alle Weise umzirkelt und umgürtet, und während ich ihn zu mir hinabzog, hielt ich ihn so fest, als wenn Körper in Körper verschmelzen wollte. Dies gab eine Pause in dem Gefecht, ein Anhalten des Vergnügens, während mein unterer Mund, so stark wie er konnte, mit höchstem Genuss den Bissen umschlossen hielt, den er so angenehm eingeschluckt hatte. Aber die Natur konnte ein Vergnügen nicht länger aushalten, das so äußerst aufreizend und noch nicht befriedigt war; die Batterie fing also, um zum letzten Ende zu gelangen, mit neuen Kräften an zu wirken; auch ich blieb dabei nicht untätig, sondern begegnete ihr mit der größten Raserei, welcher ich fähig war, und der weiche Überzug unserer sich begegnenden Mündungen diente wirklich dazu, die Heftigkeit des Kampfes zu brechen. Bald, nur zu bald brachte diese hitzige Bewegung, das süße Drängen dieser Reibung den Kitzel in mir auf seinen höchsten Grad, so dass ich, als ich mich auf dem letzten Punkte fühlte, unwillig, den teuren Teilnehmer meiner Wonne hinter mir zu lassen, alle fördernden Bewegungen und Künste anwandte, die mir meine Erfahrung eingab, um es dahin zu bringen, dass er zugleich mit mir ans Ende unseres Weges käme. Ich verengte daher nicht allein den Gürtel des Vergnügens um meinen rastlosen Einwohner durch eine geheime Springfeder, die dem Willen in diesen Teilen gehorcht, sondern brachte auch meine Hand leise an den Vorratsbeutel der kostbaren Süßigkeiten. Als ich dahin fühlte und sanft diese zarten, ovalen Aufbewahrer drückte, tat die magische Berührung augenblicklich ihre Wirkung, beschleunigte und spornte an. Es kamen die Anzeichen des süßen Todeskampfes, des schmelzenden Augenblicks der Auflösung, worin das Vergnügen in dem Vergnügen erstirbt und die geheimnisvolle Maschine den Kitzel besiegt, wenn sie ihn mit einem warmen Strome überschüttet. Jetzt also, übereinstimmend mit mir in der höchsten Harmonie, ergoss sich sein Strom über die auch mir geöffneten Schleusen, mischte sich da und besänftigte den stechenden Kitzel, während er uns in eine Ekstase versetzte, die uns hinschmelzend, hinsinkend, atemlos verloren in Wonne - hinstreckte. So lagen wir, und eine wollüstige Ermattung überzog unsere Glieder, die uns ohne Bewegung fest in den Armen des anderen eingeschlossen erhielt.

John Cleland siedelte seine Schauplätze in London an, für Goethe war Rom die Stadt seiner Fantasien, ein Ort, wo noch die alten Opferfeuer der Kypris schwelten, ein Ort, über dem noch ein Hauch von Pamphylien lag.

Römische Elegien

Froh empfind' ich mich nun auf klassischem Boden begeistert,
Vor- und Mitwelt spricht lauter und reizender mir.
Hier befolg' ich den Rat, durchblättre die Werke der Alten
Mit geschäftiger Hand, täglich mit neuem Genuss.
Aber die Nächte hindurch hält Amor mich anders beschäftigt;
Werd' ich auch halb nur gelehrt, bin ich doch doppelt beglückt.
Und belehr' ich mich nicht, indem ich des lieblichen Busens
Formen spähe, die Hand leite die Hüften hinab?
Dann versteh' ich den Marmor erst recht: ich denk' und vergleiche,
Sehe mit fühlendem Aug', fühle mit sehender Hand.
Raubt die Liebste denn gleich mir einige Stunden des Tages,
Gibt sie Stunden der Nacht mir zur Entschädigung hin.
Wird doch nicht immer geküsst, es wird vernünftig gesprochen;
Überfällt sie der Schlaf, lieg' ich und denke mir viel.
Oftmals hab' ich auch schon in ihren Armen gedichtet
Und des Hexameters Maß leise mit fingernder Hand
Ihr auf den Rücken gezählt. Sie atmet in lieblichem Schlummer,
Und es durchglühet ihr Hauch mir bis ins Tiefste die Brust.
Amor schüret die Lamp' indes und denket der Zeiten,
Da er den nämlichen Dienst seinen Triumvirn getan.

Goethes Erinnerung an die 22 Jahre alte Römerin Faustina.
Mit der jungen Witwe durfte der Dichter während seiner ersten
Italienreise (Herbst 1786 bis Frühjahr 1788) die Liebe frei,
offen und voller Vertrauen genießen.

Johann Heinrich Füssli erlebte seine »Erotica romana« 10 Jahre früher als Goethe. Von 1770 bis 1779 lebte der schweizerische Maler und Publizist in Rom, wo er neben den Antiken vornehmlich die Werke Michelangelos studierte. Dort entstand diese wollüstig-erotische Umschlingung eines Mannes und einer Frau mit helfender Dienerin.

Welche Seligkeit ists! wir wechseln sichere Küsse,
Atem und Leben getrost saugen und flößen wir ein.
So erfreuen wir uns der langen Nächte, wir lauschen,
Busen an Busen gedrängt, Stürmen und Regen und Guss.
Und so dämmert der Morgen heran; es bringen die Stunden
Neue Blumen herbei, schmücken uns festlich den Tag.
Gönnet mir, o Quiriten! das Glück, und jedem gewähre
Aller Güter der Welt erstes und letztes der Gott!

Obwohl der schöne Hintern vor dem phallisch gestützten Spiegeltisch griechisch-römisch anmutet, Füsslis »Venus Kallipygos« ist in London entstanden. Dort schuf der einstige Theologe und Übersetzer zwischen 1790 und 1820 eine Fülle erotischer Zeichnungen.

Auch Friedrich Gustav Schillings Romanheld hat Bekanntschaft mit den Schönheiten Italiens gemacht. In *Die Denkwürdigkeiten des Herrn von H.* (1787) resümiert selbiger:

Nach meinen Beobachtungen habe ich die Italienerinnen durchaus schlüpfrig gefunden. Ihr Temperament ist warm, feurig und sehr oft unersättlich. Ihr ganzer Körper ist zur Wollust gebaut, und gewiss in ganz Europa wird in diesem Punkt nicht so ausgeschweift. Eroberungen zu machen, hat keine Schwierigkeit, mehr aber ihnen zu genügen, und es gehört viel Behutsamkeit dazu, eine gemachte Bekanntschaft aufzuheben, wenn man nicht üble Folgen erfahren will.

Die Battiolis hielten mich lange in Florenz auf und bezeugten mir die größte Höflichkeit.

Der Alte hatte bisher seine Einwilligung zur Verheiratung seiner Tochter nicht geben wollen, das Wiederfinden brachte ihn von selbst dahin. Ich war bei der Hochzeit, und der junge Vargendo erdrückte mich fast den andern Morgen unter tausend Danksagungen und Lobeserhebungen, dass er durch mich seine Braut noch mit dem Jungfernkränzchen erhalten hatte.

Nach einigen Tagen kam die neuvermählte Vargendo des Nachmittags auf mein Zimmer. Sie war schön wie die Morgenröte und in ein leichtes, weißes Kleid gehüllt.

»Wie freue ich mich Ihres Besuches, schöne Vargendo.«

»Ich komme, Ihnen zu danken; ich verdiene Vorwürfe, allein vergeben Sie mir.«

»Liebe Holde, warum Vorwürfe?«

»Mein Mann hat Ihnen gedankt. Ich muss Ihnen sagen, dass er Sie für einen Halbgott hält, weil Sie mich so unberührt seinen Händen überliefert haben. Mit Argwohn bestieg er das Brautbett und -«

»Warum stocken Sie, Liebe?«

»Mein Mann hat nicht Unrecht, wenn er sagt: Ich möchte ihm kein Frauenzimmer anvertrauen.«

»Vielleicht doch.«

»Nicht vielleicht! Jetzt möchte ich nicht mehr mit Ihnen reisen.«

»Und warum?«

»Weil ich Ihnen die Standhaftigkeit nicht mehr zutraue. —«

»Wie fallen Sie auf den Zweifel?«

»Ganz natürlich, weil ich mich nicht so zwingen dürfte, Ihre Artigkeiten mit Kälte anzunehmen und weil Sie sie dann verdoppeln würden.«

»Unvergessbare Vargendo.« Ich schloss sie in meine Arme - und küsste sie brünstig. Sie erwiderte jeden Kuss mit Feuer.

»Ja freilich, Liebe! Auf diese Weise möchte mir wohl Enthaltsamkeit schwerfallen.«

»Nicht wahr? - Lieber H., ich liebe Sie und würde schon längst Ihre Gefühle erwidert haben, wenn ich nicht meinen Bräutigam - Sie verstehen mich doch?«

»Und wenn ich jetzt bitte, meine Liebe zu erwidern - die mich -«

»Ich würde nicht verdienen, dass Sie mich in Schutz genommen hätten.«

Ich zog sie aufs Sofa und meine Hand kam ungehindert bis ans Heiligtum der Liebe, das Wollust zu hauchen schien. Wir leerten dreimal mit gleich großem Entzücken den Becher der Wollust, und ich versichere, dass er selten mein Wesen in so wonnigen Taumel versetzt hatte (...)

Nun, da kannte von H. die feurige Signora Dievelli noch nicht.

Mein ganzer Aufenthalt verstrich mir sehr angenehm durch den Umgang mit dieser reizenden Frau und wir waren fast nie an einem Orte beisammen, ohne der Göttin der Liebe ein Opfer

Der englische Maler Thomas Rowlandson (1756 - 1827), der seine Ausbildung an der Royal Academy und in Paris erhielt, setzte der ersten sexuellen Revolution mit frechen Karikaturen ein Denkmal.

gebracht zu haben. Sie wurde sehr leicht warm und war auch der Ort nicht der bequemste, so wusste sie doch immer eine Stellung oder Lage anzunehmen, wodurch dem Vergnügen nichts entging.

Einst waren wir im Theater. Der Inhalt des Stücks hatte ihre Einbildungskraft erhitzt. Ich saß neben ihr, bemerkte ihren wallenden Busen und fuhr mit der Hand unter ihren Rock. Sie stand auf und machte meiner wollüstigen Hand ganz freie Bahn. Als der Akt zu Ende war und die Musik begann, zog sie die Vorhänge der Loge zu, stützte ein Bein auf einen Stuhl und wir brachten, von der Musik begleitet, der Liebe ein herrliches Opfer.

Alle kleineren Begebenheiten und Zufälle will ich unberührt lassen, es möchte am Ende meinen Lesern zu langweilig werden, wenn ich ihnen alles von Venedig, Neapel und Rom erzählen wollte. Alle Bekanntschaften waren von kurzer Dauer und meistens ähnlicher Natur. So viel noch: das Klima oder das wollüstige Temperament des weiblichen Geschlechts der heißen Zone müssen wohl dazu beitragen, dass, je öfter man den Wollustnektar genießt, um so mehr Reiz und Kraft sich entwickelt. Erschlaffung wie im Norden ist unbekannt.

Obwohl mit der Ära der Aufklärung im 18. Jahrhundert die ersten Emanzen die Bühne der Geschichte betreten, die schönste Sache der Welt bekommen wir stets durch die Brille der Männer geschildert. Zumindest fast. Eine der wenigen Ausnahmen gehört zu den Wegbereitern der galanten Ära: *L'École des filles* aus dem Jahre 1655, ein Werk, das die großen Archive in ihre »Hölle« verbannten. Die Pariser Urausgabe ist sogar ganz verschwunden. Herausgeber waren Jean L'Ange und Michel Millot, die beide im Dienste des Sonnenkönigs Ludwig XIV. standen. Der Unterricht in Dialogform erinnert zwar sehr an *Aloisia Sigaea*, doch der Grundton ist hier ein völlig neuer. Sexualität wird so überzeugend aus weiblicher Sicht beschrieben, dass sich lange das Gerücht hielt, die eigentliche Autorin sei Françoise d'Aubigné, genannt Madame de Maintenon, Gefährtin und inoffizielle Gattin des Königs gewesen.
Hier weiht Susanne ihre jüngere Cousine Fanchon in die Kunst der Liebe ein, wobei sie nicht müde wird, die Bedeutung von Sich-liebhaben und Vertrauen zu betonen.

FANCHON: ... Aber da wir gerade darüber sprechen, sagen Sie mir doch, weshalb ich oft nachts Juckreiz an jener Stelle (also an meinem Fötzchen) verspüre und deshalb nicht schlafen kann. Ich drehe mich um; werfe mich von einer Seite auf die andere, ohne dass das aufhört. Was soll ich dann nur tun?

SUSANNE: Dann brauchst du eine gute, dicke und nervige Rute, die du in den Leib schieben musst, um dort den süßen Nektar zu erzeugen, der deine Glut stillen wird. In Ermangelung dessen musst du dein Fötzchen eine Zeitlang mit dem Finger reiben, und dann wirst du die Lust der Entladung spüren.

FANCHON: Ist es möglich, mit dem Finger?

SUSANNE: Ja, mit dem Mittelfinger; und am Rande des Fötzchens musst du das so machen.

FANCHON: Sicher, das werde ich behalten. Aber, liebe Cousine, da wir gerade darüber sprechen: Haben Sie mir nicht gesagt, Sie hätten dieses Vergnügen manchmal?

SUSANNE: Ja, immer wenn ich will. Und den Jungen, der es mir verschafft, habe ich sehr lieb.

FANCHON: Das glaube ich auch, und es stimmt sicher auch, dass Sie ihn lieb haben, denn Sie sagen ja, dass es sonst nicht geht. Ach, wie herrlich! Und dabei fühlen Sie sich also wohl?

SUSANNE: So sehr, dass ich mich nicht noch wohler fühlen könnte.

FANCHON: Und was kann ich tun, um jemanden zu haben, der es mir genauso macht?

SUSANNE: Du musst einen nehmen, der verschwiegen und taktvoll ist und es niemandem weitererzählt. (...)

Auf die sichtlich erweckte Neugier ihrer unerfahrenen Cousine schildert Susanne eine leidenschaftlich verrückte Liebesnacht mit ihrem Freund.

FANCHON: Aber wie ist es denn möglich, dass dieses Ding sich aufrichten lässt, wenn es ganz schlaff herunterhängt, und wie oft kann es in einer einzigen Nacht richtig in das weibliche

Glied gelangen? (...)

SUSANNE: Pfui, wenn du mich immer so unterbrichst! Das kommt auch auf die Leute an, weißt du, und darauf, dass sie manchmal mehr erregt sind als sonst. (...) Aber als du mich unterbrochen hast, bin ich ganz vom Thema abgekommen.

FANCHON: Dann hat er Sie, die Sie soeben eingeschlafen waren, in die Arme genommen, ergriffen und sein straffes Glied in ihre Hand gelegt.

SUSANNE: Ach, jetzt weiß ich, wo ich stehengeblieben war. Sowie ich das straffe Glied fühlte, vergaß ich meine Müdigkeit und erwartete seine Zärtlichkeit. Er nannte mich Herzchen, Liebchen, und wir wälzten uns lange Zeit einer auf dem anderen, mit den Armen und Beinen in den Körper des Partners verschlungen, und wir kamen so toll in Schwung, dass unsere Bettdecke zur Erde fiel. Da es aber nicht kühl war, fiel es uns gar nicht ein, sie aufzuheben, sondern, da es uns immer heißer wurde bei diesem süßen Spiel, ließ er mich mein Hemd ausziehen und zog auch das seine aus, machte hundert Sprünge auf dem Bett und zeigte mir sein ganz gestrafftes Glied. Dann, nachdem er meine Erlaubnis erhalten hatte, überall und mit aller Freiheit herumzutollen, verstreute er hundert Rosenknospen und verteilte sie und ließ sie mich, die ich ganz nackt war, mitten im Zimmer aufheben. Dabei drehte er mich nach allen Seiten und betrachtete mich beim Licht der Kerzen, die es an verschiedenen Stellen des Zimmers gab, in den verschiedenen Stellungen, wenn ich jeweils mich bückte und wieder hochschnellte. Er rieb meinen ganzen Körper mit einem Jasminextrakt ein, dann rieb er auch sich damit ein. Als wir dann wieder im Bett lagen, schlugen wir zwanzig Purzelbäume, um uns zu vergnügen. Danach, als er mich kniend vor sich hielt, betrachtete er meinen Körper überall mit verzückten Augen. Er erregte bald meinen Leib, meine Schenkel, Brüste, die Schwel-

114

Studie zu »Schlafende Bacchanten« (um 1760) von François Boucher, Hofmaler Ludwigs XV., ein Künstler mit ausnehmendem Blick für die äußeren wie inneren Schönheiten der Frauen.

lung meines Hügelchens, das er kräftig und rundlich fand, er berührte es auch mit der Hand. Ich sage gar nichts mehr von all den vielen Einfällen, die mir natürlich ganz unendlich gefielen. Er drehte mich dann um, schaute bald meine Schultern, bald meine beiden Hinterbacken an, ließ mich dann die Hände auf das Bett senken, stieg auf meinen Rücken und ließ mich vorwärtsgehen. Und nach einiger Zeit stieg er von seinem Pferd hinunter, nicht von der Seite, sondern rückwärts, denn er fürchtete, wie er sagte, nicht, dass ich ihn mit Fußtritten malträtierte, und nach einiger Zeit, nachdem er sein Glied zwischen meinen beiden Hinterbacken hindurchgezwängt hatte, steckte er es mir plötzlich in meines. Erst wollte ich mich erheben und widerspenstig erscheinen, aber er bat, beschwor mich und geriet in Verzweiflung, so dass ich schließlich Mitleid mit ihm hatte. Ich legte mich wieder genauso, wie vorhin, und er genoss das Vergnügen, es in meinen Körper zu bringen und mit einem

*Mal herauszuziehen, dabei fand er es köstlich, zu beobachten,
wie es hinein- und hinausging, liebe Cousine, das verursachte
ein Geräusch, wie wenn ein Bäcker seine Hand in den Teig
steckt und sie plötzlich herauszieht oder Kinder, die ihren
Knüppel aus ihrer Knallbüchse ziehen, in der sie schon einen
Papierpfropfen haben.*

*FANCHON: Mein Gott, was für ein schamloses Betragen von
Ihnen beiden! Und hat auch das Ihnen Spaß gemacht?*

*SUSANNE: Warum denn nicht? Wenn man sich wirklich gern
hat, sind das Einfälle, die immer Spaß machen und wobei es
immer ein bisschen kitzelt. Damit vergeht die Zeit in sehr ange-
nehmer Weise, abgesehen davon, dass man sie hinterher noch
mehr zu schätzen weiß (...)*

*Boucher war vermutlich der meist gefeierte Maler des Rokoko. Er widmete sein
ganzes Werk der Grazie und Anmut. Sein bevorzugtes Thema, der nackte weibliche
Körper, behandelte er mit einer einfühlsamen Fülle und Nuancierung, die in der
Geschichte der Malerei ohne Vorbild ist. Diesen göttlichen Akt zeichnete er ca. 1752.*

116

Verfolgt vom eigenen Vater, stets am Rande des Ruins, von Pockennarben gezeichnet, aber geliebt von den Frauen und ein begnadeter Redner, so liest sich die Kurzbiografie von Gabriel de Riqueti, Marquis de Mirabeau (1749-1791). Der Graf gehört zu den schillerndsten Gestalten im vorrevolutionären Frankreich. Sein abenteuerliches Leben gab ihm Gelegenheit, etliche Gefängnisse von innen kennenzulernen. Dort sind eine Reihe berühmter Erotika entstanden, viele davon politisch motiviert.

Der gelüftete Vorhang, 1786 anonym erschienen, führt den Leser in die noch heile Welt der besseren Stände am Vorabend der Revolution. Das Buch schildert die Erziehung und das Leben eines jungen Mädchens, von der ersten erotischen Begegnung bis hin zu detailliert beschriebenen Orgien. Mirabeaus Werk zählt zu den freizügigsten der Aufklärung und ist ein leidenschaftliches Plädoyer für die sexuelle Freiheit und Selbstbestimmung der Geschlechter sowie für die Notwendigkeit einer Verbindung von geistiger und körperlicher Liebe, für Mirabeau die Voraussetzung für vollkommenes Glück.

Im folgenden Auszug berichtet Laura ihrer Freundin Eugenie, wie sie den Vater bei Intimitäten mit ihrer Erzieherin beobachtete.

Eines Abends nach dem Essen kehrten wir in das Zimmer zurück, in dem ich mich aufzuhalten pflegte; er bot uns Likör an. Nach einer knappen halben Stunde fiel Lucette in tiefen Schlaf; er nahm mich in seine Arme, trug mich in sein Zimmer und ließ mich in seinem Bett schlafen. Überrascht von diesem neuen Arrangement, wurde meine Neugier augenblicklich wach.

Eine Weile später stand ich auf und lief leise zu der Glastür und schob den Vorhang beiseite. Ich war sehr verwundert, Lucettes Brust völlig entblößt zu sehen. Welch ein reizender Busen! Zwei schneeweiße Halbkugeln, in deren Mitte zwei knospende Erdbeeren von etwas lebhafterer Hautfarbe prangten; fest wie

Elfenbein bewegten sie sich nur mit ihren Atemzügen. Mein Vater betrachtete die lieblichen Brüste, nahm sie in die Hände, küsste sie und saugte an ihnen; nichts weckte meine Erzieherin auf. Kurz darauf zog er ihr alle Kleider aus und trug sie zum Rand des Bettes, das der Tür, an der ich stand, genau gegenüberlag. Er lüftete ihr Hemd; ich sah zwei alabasterfarbene Schenkel, rund und mollig, die er auseinanderzog; und ich erblickte einen kleinen rosafarbenen Spalt, der mit tiefbraunen Haaren bedeckt war; er öffnete ihn ein wenig, legte seinen Finger darauf und bewegte lebhaft seine Hand: nichts riss sie aus ihrem Schlaf. Durch diesen Anblick erregt und seinem Beispiel folgend, ahmte ich bei mir selbst die Bewegung nach, die ich sah. Ich verspürte ein mir unbekanntes Gefühl.

Mein Vater legte Lucette auf das Bett und ging auf die Tür zu, um sie zu schließen.

Ich entfloh und eilte zu dem Bett, in das er mich gelegt hatte. Sobald ich ausgestreckt lag, begann ich, meine neu erworbenen Kenntnisse nutzend und über das nachdenkend, was ich gesehen hatte, meine Reibungen fortzusetzen. Ich glühte am ganzen Leib; jenes Gefühl, das ich verspürt hatte, verstärkte sich immer mehr und erreichte eine solche Kraft, dass meine Seele, in der Mitte meiner selbst versammelt, alle anderen Teile meines Körpers hatte, um an jenem einzigen Punkt innezuhalten: zum ersten Mal fiel ich in einen mir unbekannten Zustand, der mich entzückte. Als ich wieder zu mir kam und dieselbe Stelle befühlte, wie groß war meine Überraschung, dass ich dort nass war! Im ersten Augenblick befiel mich eine starke Unruhe, die aber bei der Erinnerung an das Wohlbefinden, das ich verspürt hatte, und durch einen sanften Schlummer verflog (...).

Drei Tage später, als ich um jeden Preis mein sehnsüchtiges Verlangen befriedigen wollte, mein Vater ausgegangen und meine Erzieherin beschäftigt war, kam ich auf die Idee, einen

118

Eine Huldigung an die Unbeschwertheit, die Liebe und die feinsinnige Erotik der galanten Epoche. Louis-Jean-François Lagrenée, 1770.

Seidenfaden an eine Ecke des Vorhangs zu heften und ihn durch die gegenüberliegende Ecke einer der Glasscheiben zu ziehen. Als mir dieses Arrangement gelungen war, zögerte ich nicht, es mir zunutze zu machen. Am nächsten Tag zog mein Vater, der nur einen seidenen Morgenmantel anhatte, Lucette in sein Zimmer, die ebenfalls nur leicht bekleidet war: sorgfältig schlossen sie die Tür und zogen den Vorhang zu, doch meine List gelang,

Seit der Renaissance wird die Schönheit des nackten weiblichen Körpers immer wieder gerne von Künstlern zelebriert. Meist in Anlehnung an ein mythisches Thema aus der Antike. Während der Aufklärung wird man mutiger, und selbst renommierte Maler wie Jean-Jacques Lagrenée, Würdenträger der Académie royale, scheuen sich nicht mehr, offen die Liebe zwischen zwei Frauen darzustellen. »Die zwei Freundinnen«, 18. Jahrhundert.

wenigstens zum Teil. Kaum zwei Minuten später stand ich voller Ungeduld vor der Türe und lüftete ein wenig den Vorhang: ich erblickte Lucette; ihre Brüste waren völlig entblößt; mein Vater hielt sie in den Armen und bedeckte sie mit Küssen, doch die Leidenschaft brannte, und bald lag alles, Röcke, Korsett, Hemd, auf der Erde. Wie schön erschien sie mir in diesem Zustand! und wie liebte ich es, sie so zu sehen! Sie strahlte die Frische und Anmut der Jugend aus.

Liebe Eugenie, die weibliche Schönheit muss eine recht sonder-

bare Kraft haben, eine ungemein starke Anziehung ausüben, da sie auch uns gefällt! Ja, meine Liebe, sie ist rührend, sogar für unser Geschlecht, mit ihren schönen, runden Formen, ihrer seidigen, schimmernden Haut! Du hast es mich in deinen Armen fühlen lassen, und du hast das gleiche verspürt wie ich.

Alsbald war mein Vater in einem ebensolchen Zustand wie Lucette: dieser Anblick fesselte mich in seiner Neuheit; er trug sie auf ein Ruhelager, das ich nicht sehen konnte. Von Neugierde verzehrt, hielt mich nichts mehr zurück, ich lüftete den Vorhang, bis ich alles sehen konnte. Nichts entging meinen Blicken, da nichts ihr Vergnügen hemmte. Lucette, die auf ihm lag, den Hintern in die Luft gereckt, mit gespreizten Beinen, ließ mich die ganze Öffnung ihres Spalts sehen, zwischen zwei kleinen fleischigen und prallen Wölbungen. Diese Situation, die ich dem Zufall verdankte, schien wie geschaffen, meine neugierige Ungeduld vollauf zu befriedigen. Mein Vater zeigte mir zwischen seinen angehobenen Knien überdeutlich ein wahres Kleinod, ein dickes, steifes, an der Wurzel mit Haaren umgebenes Glied, an dem unten etwas Kugelförmiges herabhing; sein oberes Ende war rot und zur Hälfte mit einer Haut bedeckt, die aussah, als ließe sie sich noch weiter herunterschieben. Ich erblickte, wie es in Lucettes Spalt eindrang, darin versank und immer wieder auftauchte. Sie küssten sich mit einem Ungestüm, das mich die Lust ahnen ließ, die sie empfanden; schließlich sah ich, wie dieses Instrument mit völlig entblößter Spitze herauskam, purpurrot und ganz nass, und eine weiße Flüssigkeit verspritzte, die sich kraftvoll auf Lucettes Schenkel ergoss. Bedenke, geliebte Eugenie, in welcher Verfassung ich mich selber angesichts eines derartigen Schauspiels befand! Aufs höchste erregt, von einem Verlangen durchdrungen, das ich bisher noch nicht gekannt hatte, versuchte ich zumindest, an ihrem Rausch teilzuhaben (...).

Thomas Rowlandsons auf die Spitze getriebene Version von Ovids »Pygmalion«, jenem kyprischen König, der sich seine Idealfrau selber schuf.

5.

Spielarten der Lust

Siehst du denn nicht die schöne Schlange
mit der flammenden Haut, die erhobenen
Kopfes uns anzubeten scheint?

Giacomo Casanova

Der Sinn und Zweck von erotischen Texten besteht darin, die Vorstellung anzufachen, Körper und Geist wechselseitig zu entflammen und sexuelle Lust zu wecken. Dies erreicht der Autor am schnellsten und wirkungsvollsten, indem er aus den eigenen Vorlieben schöpft. So wie Casanova. Sein Leben war sein Stoff. Und sein Stoff sein Leben. Anno 1797, im Alter von zweiundsiebzig Jahren, beginnt er, wie er selbst von sich sagt, die genossenen Freuden zu erneuern, indem er sie sich ins Gedächtnis zurückrufe, um sie ein zweites Mal zu genießen. So diesen klassischen Ritt auf »Hektors Pferd«, naturgetreu untermalt durch das Rütteln in der zweirädrigen Kalesche.

Am Himmelfahrtstage machten wir alle einen Besuch bei Frau Bergalli, der berühmten Zierde des italienischen Parnasses. Als wir am selben Abend nach Paseano zurückfahren sollten, wollte meine schöne Pächtersfrau in einem viersitzigen Wagen Platz nehmen, worin schon ihr Mann und ihre Schwester saßen, während ich allein in einer hübschen zweirädrigen Kalesche mich befand. Ich schlug Lärm; das sei ein Zeichen von Misstrauen; und die Gesellschaft stellte ihr vor, sie könne mir doch solchen Schimpf nicht antun. Sie stieg zu mir ein; ich sagte dem Kutscher, ich wolle den kürzesten Weg fahren, und er trennte sich von dem anderen Wagen und wählte den Weg durch den Wald von Cecchini. Bei unserer Abfahrt war der Himmel heiter, aber es war noch keine halbe Stunde vergangen, da erhob sich ein Gewitter, wie sie im Süden häufig vorkommen: es sieht aus, als wollten die Elemente die ganze Welt auf den Kopf stellen, aber es kommt gar nichts dabei heraus: der Himmel ist bald wieder klar und die Luft ist gereinigt und erfrischt. Daher sind solche Unwetter im Grunde nur angenehm.

»O Himmel!« rief meine Pächtersfrau; »wir werden ein Gewitter kriegen.«

»Ja, und trotz dem Verdeck unserer Kalesche wird der Regen Ihr schönes Kleid verderben; das tut mir recht leid.«

»Auf das Kleid kommt es nicht an; aber ich habe Angst vor dem Donner.«

»Halten Sie sich die Ohren zu.«

»Und der Blitz?«

»Kutscher, wir wollen irgendwo einkehren.«

»Die nächsten Häuser, Herr Abbate*, sind eine halbe Stunde entfernt; bevor wir dahin kommen können, wird das Gewitter vorüber sein.«

Er fuhr ruhig weiter. Blitze zucken, Donner rollen, meine Pächterin zittert an allen Gliedern. Der Regen fällt in Strömen; ich ziehe meinen Mantel aus, um uns von vorne damit zu bedecken; im selben Augenblick sind wir wie geblendet: hundert Schritte vor uns schlägt der Blitz ein, die Pferde bäumen sich, und meine arme Begleiterin fällt in Krämpfe. Sie wirft sich auf mich und umschlingt mich eng. Ich bücke mich, um den heruntergefallenen Mantel aufzuheben, mache mir die Gelegenheit zunutze und hebe ihren Rock hoch. Sie macht eine Bewegung, um ihr Kleid wieder herunterzustreifen, aber im selben Augenblick bricht ein neuer Donnerschlag los, und sie kann vor Angst kein Glied rühren. Ich suche sie mit meinem Mantel zu bedecken und ziehe sie an mich; die Bewegung des Wagens kommt mir dabei zu Hilfe, und sie sinkt in der glücklichsten Stellung über mich hin. Ich verliere keine Zeit, tue, als brächte ich meine Uhr in der Westentasche in Ordnung, und mache mich sturmfertig. Sie fühlt, dass sie mir nicht entwischen kann, wenn sie mich nicht schnell an meinem Vorhaben verhindert; sie sträubt sich; ich halte sie aber fest und sage ihr: wenn sie nicht tue, als sei sie ohnmächtig, so werde der Kutscher alles sehen, sobald er sich umdrehe. Ich gönne ihr das Vergnügen, mich einen ruchlosen Taugenichts und sonst noch allerlei zu schimpfen, und

125

*Abbate: Junger Mann, der für den geistlichen Beruf bestimmt war.

*erringe den vollständigsten Sieg, den je ein Athlet davonge-
tragen hat.*

*Der Regen fiel immer noch in Strömen, der sehr starke Wind
blies uns gerade entgegen; sie musste daher in ihrer Stellung
bleiben, aber sie sagte mir, ich richte ihre Ehre zugrunde, denn
der Kutscher könne alles sehen.*

*»Ich sehe ihn ja,« antworte ich; »er denkt nicht dran, sich
umzudrehen; aber selbst wenn er dies täte, so schützt uns der
Mantel vor seinen Blicken; seien Sie vernünftig und bleiben Sie
so, wie wenn Sie ohnmächtig wären; denn loslassen tue ich Sie
nicht.*

*Sie scheint sich in ihr Schicksal zu ergeben und fragt mich,
wie ich es wagen könne, den Blitz herauszufordern.*

*»Der ist mit mir im Bunde!« antworte ich. Sie ist beinahe
geneigt zu glauben, dass ich die Wahrheit spreche, ihre Angst
verschwindet, und da sie fühlt, dass ich in Ekstase bin, fragt sie
mich, ob ich nun endlich zufrieden sei. Lächelnd verneine ich
diese Frage; ich müsse ihre Einwilligung bis zum Ende des
Gewitters verlangen. »Willigen Sie ein, oder ich lasse den Mantel
fallen!«*

*»Abscheulicher Mensch, der mich für mein ganzes Leben un-
glücklich gemacht hat! Sind Sie jetzt zufrieden?«*

»Nein.«

»Was wollen Sie denn noch?«

»Eine Sintflut von Küssen!«

»Wie bin ich unglücklich! aber – da!«

*»Sagen Sie, dass Sie mir verzeihen, und geben Sie zu, dass Sie
meinen Genuss geteilt haben!«*

»Sie wissen es wohl; ja, ich verzeihe Ihnen.«
*Jetzt gab ich ihr ihre Freiheit zurück, erwies ihr gewisse Dienste
und bat sie, mir dieselbe Gefälligkeit zu gönnen. Dies tat sie mit
einem Lächeln auf den Lippen.*

126

Illustration zu einer französischen Ausgabe von Casanovas Memoiren (1872); eine der seltenen Szenen im erotischen Roman, wo Vorsichtsmaßnahmen thematisiert werden.

»Sagen Sie mir, dass Sie mich lieben!« rief ich.

»Nein! Sie sind ein gottloser Mensch; Sie werden in die Hölle kommen.«

Inzwischen war das Wetter wieder schön geworden; ich brachte alles in Ordnung, küsste ihr die Hände und sagte, sie könne sich darauf verlassen, der Kutscher habe nichts gesehen; ich sei überzeugt, ich habe sie von dem angstvollen Gewitter geheilt, und sie werde keinem Menschen das Geheimnis verraten, wodurch ihre Heilung bewirkt worden sei. Sie antwortete mir: zum mindesten wisse sie so viel, dass niemals eine Frau durch ein *ähnliches Mittel kuriert worden sei.*

»Das muss«, versetzte ich, »in tausend Jahren eine Million Male vorgekommen sein. Ich will Ihnen sogar eingestehen, dass ich darauf gerechnet habe, als ich in die Kalesche stieg; denn ich sah kein anderes Mittel, in Ihren Besitz zu gelangen. Trösten Sie sich und glauben Sie mir: es gibt keine furchtsame Frau, die im gleichen Falle hätte widerstehen können.«

»Ich glaube es, aber künftighin werde ich nur noch mit meinem Mann fahren.«.

»Da täten Sie unrecht; denn Ihr Mann hätte nicht den Geist besessen, Sie so zu trösten, wie ich es getan habe.«

»Das ist auch wieder wahr. Man lernt von Ihnen eigentümliche Dinge; aber wir werden nicht mehr allein miteinander fahren.«

Unter solchen Gesprächen kamen wir, eine Stunde vor den anderen, in Paseano an. Wir stiegen aus, und meine Schöne lief spornstreichs in ihr Zimmer, während ich in meiner Börse einen Taler für den Kutscher suchte. Ich sah, dass er lachte.

»Worüber lachst du?«

»Sie wissen es wohl!«

»Da hast du einen Dukaten; aber - halte den Mund!«

Ob Boccaccio selbst ein Verehrer der »Venus Kallipygos« war, wissen wir nicht, da aber seine Novellen die Vorlieben des Volkes widerspiegeln, darf man annehmen, dass auch nach dem Untergang Roms die weibliche Rückansicht großen Anklang fand. Die Geschichte von Don Gianni, der auf die Bitte Pietros eine Beschwörung anstellt, um dessen Frau in eine Stute zu verwandeln, ist typisch für Boccaccios Humor. Der florentinische Geschichtsschreiber Filippo Villani, der seinen berühmten Zeitgenossen zweifellos noch persönlich gekannt hat, beschreibt ihn so: »Der Dichter war von etwas starker Figur, aber groß. Sein Gesicht war rund, aber die Nase am unteren Teil etwas platt. Seine Lippen waren ziemlich dick, trotzdem jedoch von schöner Linienführung. Das Kinn hatte ein Grübchen und war beim Lachen schön. Bei der Rede schaute er heiter und fröhlich drein. Er war stets witzig und leutselig und unterhielt sich gern.«

Vor einigen Jahren lebte zu Barletta ein Priester, welcher Gianni di Barolo hieß. Weil er nur eine ärmliche Pfarre hatte, begann er, um seinen Lebensunterhalt zu erwerben, mit einer Stute, die er besaß, Waren umherzuführen, um solche hier und dort auf den Märkten Apuliens zu kaufen und wieder zu verkaufen. Auf diesen Wanderungen schloss er nähere Bekanntschaft mit einem, der Pietro da Tresanti hieß und mit einem Esel dasselbe Gewerbe trieb wie er, und zum Zeichen der Liebe und Freundschaft nannte er ihn nach apulischer Sitte nicht anders als Gevatter Pietro. Sooft dieser nun nach Barletta kam, nahm er ihn mit in sein Pfarrhaus, behielt ihn bei sich zur Herberge und erwies ihm soviel Ehre, wie er nur konnte. Gevatter Pietro hinwieder, der überaus arm war und ein kleines Häuschen in Tresanti besaß, das kaum groß genug für ihn, seine junge und schöne Frau und seinen Esel war, nahm auch Don Gianni, sooft dieser nach Tresanti kam, mit in sein Haus und bewirtete ihn nach seinen Kräften, um sich für die Ehre erkenntlich zu zeigen, die dieser ihm in Barletta erwies. Was die Wohnung betraf, so konnte er ihn freilich, da Gevatter Pietro nichts als ein kleines Bett hatte, in dem er selbst mit seiner schönen Frau schlief, nicht so aufnehmen, wie er gewünscht hätte, sondern Don Gianni musste sich, nachdem seine Stute neben dem Esel in einem kleinen Stall untergebracht war, damit begnügen, ein wenig Stroh neben ihr als Lager zu beziehen.

Die Frau, welche wusste, wie der Priester ihren Mann in Barletta aufnahm, war mehrere Male, wenn dieser kam, willens gewesen, zu einer ihrer Nachbarinnen, welche Zita Carapresa di Giudice Leo hieß, zum Schlafen zu gehen, damit der Priester mit ihrem Mann im Bett ruhen könne, und hatte es dem Don Gianni öfter gesagt. Allein, er hatte nie gewollt, und unter andern Malen erwiderte er ihr einmal hierauf: »Gevatterin *Gemmata, mach dir um mich keine Sorge, ich bin gut untergebracht; denn sooft es mir gefällt, verwandle ich meine Stute in ein hübsches Mädchen und schlafe bei der, und wenn ich dann will, mache ich sie wieder zur Stute, und darum will ich mich auch nicht von ihr trennen.«*

Die junge Frau wunderte sich zwar, doch glaubte sie es und erzählte es ihrem Manne wieder, wobei sie hinzufügte: »Wenn *er so sehr dein Freund ist, wie du sagst, warum lässt du dir diesen Zauberspruch nicht von ihm sagen, damit du auch mich in eine Stute verwandeln könntest, um dein Geschäft mit Esel und Stute zu betreiben? Und wir gewönnen dann doppelt soviel! Wären wir dann nach Hause zurückgekehrt, könntest du mich ja wieder zu der Frau machen, die ich eben bin.«*

Gevatter Pietro, der etwas zum Tropfe hinneigte, glaubte die Geschichte, stimmte ihrem Vorschlag bei und fing nun den Don Gianni zu bitten an, dass er ihn die Sache lehren möchte. Don Gianni gab sich alle Mühe, ihn von diesem törichten Wunsch abzubringen. Allein, da er dies nicht vermochte, sagte er endlich: »Sieh, weil du es denn durchaus verlangst, so wollen *wir morgen, wie es unsere Gewohnheit ist, vor Tag aufstehen, und dann will ich euch beiden zeigen, wie man es macht. Wahr ist es aber, das schwerste bei der Sache ist, wie du sehen wirst, den Schwanz anzuheften.«*

Gevatter Pietro und Gevatterin Gemmata hatten die Nacht über kaum geschlafen, mit solcher Ungeduld erwarteten sie das Ereignis, als sie vor Tag aufstanden und den Don Gianni riefen. Dieser erhob sich nun ebenfalls und trat, nur im Hemde, in die Kammer des Gevatters Pietro. Dort sagte er: »Ich wüsste keinen

Menschen in der Welt, dem ich dies zeigte, als euch allein. Doch weil ihr es denn durchaus wollt, so will ich es tun. Allein ihr müsst genau befolgen, was ich euch sagen werde, wenn ihr wollt, dass es gelinge.« Jene versicherten, dass sie tun wollten, was er sagte.

Nun ergriff Don Gianni ein Licht, gab es dem Gevatter Pietro in die Hand und sagte zu ihm: »Gib wohl acht, was ich tue, und behalte wohl, was ich sagen werde, und hüte dich, wenn du nicht alles wieder verderben willst, ein Wort zu sprechen, was du auch sehen oder hören mögest. Und dann bitte Gott, dass wir den Schwanz gut anheften.« Gevatter Pietro nahm das Licht und sagte, er wolle alles wohl verrichten.

Hierauf hieß Don Gianni die Gevatterin Gemmata nackt, wie sie zur Welt gekommen war, sich ausziehen und auf Händen und Füßen sich so auf die Erde stellen, wie die Stuten stehen, indem er sie gleichermaßen anwies, kein Wort zu reden, was ihr auch geschehen möge. Dann begann er, ihr mit den Händen Gesicht und Kopf zu streicheln, und sagte dabei: »Dies sei ein schöner Stutenkopf.« Ebenso berührte er ihre Haare und sprach: »Dies sei eine schöne Stutenmähne«, und ihre Arme betastend: »Dies seien schöne Beine und Füße einer Stute.« Als er dann ihre Brust befühlte und sie fest und rund fand, erwachte einer, der nicht gerufen worden war, und erhob sich. Don Gianni aber sagte: »Und dies sei eine schmucke Stutenbrust«, und ebenso machte er es mit dem Nacken, dem Bauch und dem Rücken, mit Hüften und Beinen. Zuletzt, als ihm nichts mehr übrigblieb, als den Schwanz zu machen, hob er das Hemd auf, nahm den Pflanzstock, mit dem er Menschen zu pflanzen pflegte, und schob diesen schnell in die dazu bestimmte Furche, indem er sprach: »Und dies sei ein schöner Stutenschweif!«

Gevatter Pietro, der bis jetzt alles sorgsam beobachtet hatte, rief, als er dieses letzte sah, was ihm nicht gut zu sein schien:

131

Deutlich von den alten Römern inspiriert, eine der Stellungen des Aretino. Ebenso anschaulich wurde von Édouard-Henri Avril »De Figuris Veneris« illustriert, ein in Latein verfasstes Standardwerk der Sexualwissenschaft. Heliogravüre, 1892.

»Don Gianni, ich will keinen Schwanz, ich will keinen Schwanz daran!« Doch schon war der Wurzelsaft, der alle Pflanzen keimen macht, gekommen, als Don Gianni das Pflanzholz zurückzog und rief: »O weh, Gevatter Pietro, was hast du getan! Habe ich dir nicht gesagt, dass du kein Wort reden solltest, was du auch sehen möchtest? Die Stute war fast fertig, aber mit deinem Gerede hast du alles verdorben, und nun können wir sie heute nicht mehr machen.«

»Schon gut«, sagte Gevatter Pietro, »aber ich wollte nun einmal keinen solchen Schwanz daran. Warum sagtet Ihr auch nicht zu mir: ›Mach du den!‹ Und überdies setztet Ihr ihn zu tief an.«

Don Gianni antwortete: »Weil du ihn das erste Mal nicht so anzusetzen verstanden hättest wie ich.«

Als die junge Frau diesen Streit vernahm, richtete sie sich auf und sagte in vollem Ernst zu ihrem Mann: »Tropf, der du bist! Warum hast du deinen und meinen Vorteil so verscherzt? Hast du je eine Stute ohne Schwanz gesehen? So wahr mir Gott helfe, arm bist du, aber dir geschähe recht, wenn du noch weit ärmer wärest.«

Da es nun wegen der Worte, die Gevatter Pietro dazwischen gesprochen hatte, kein Mittel mehr gab, um aus seiner Frau eine Stute zu machen, kleidete sie sich klagend und übelgelaunt wieder an. Gevatter Pietro aber setzte, wie er gewohnt war, mit seinem Esel sein altes Gewerbe fort, zog mit Don Gianni zusammen auf die Messe von Bitonto, und forderte nie wieder diesen Dienst von ihm.

Bei Cleland lernen wir nichts Exotisches über Liebesstellungen dazu, dafür einiges über den Reiz des Voyeurismus. Die Lust am Zusehen liegt allen erotischen Texten zugrunde. Die Erregbarkeit nimmt weiter zu, wenn die Beteiligten davon wissen, beobachtet zu werden, wie Fanny Hill bei ihrer Feuertaufe im Kreise der vornehmen Mrs. Cole.

Frau Cole hätte mir ihre Achtung nicht besser bezeigen können als durch die Wahl dieses jungen Gentlemans zu meinem Zeremonienmeister. Er war unabhängig durch seine Geburt und ein großes Vermögen, ungewöhnlich angenehm von Person, wohlgebildet und schlank; sein Antlitz schien von den Blattern gezeichnet, aber so wenig, dass es seinem Gesicht nur noch mehr Anmut größerer Männlichkeit geben konnte, das jedoch eher zur Sanftmut und Feinheit neigte – und belebt wurde durch Augen von dem tiefsten, glänzendsten Schwarz; kurz, er war einer, den jedes Frauenzimmer mit Freuden einen hübschen, artigen Mann nennen würde.

133

Ich wurde von ihm zu dem Platz unseres Kampfes geführt, wo er sich beehrte, weil ich kaum mehr als einen weißen Morgen-mantel trug, meine Kammerjungfer zu spielen und mir die Ver-wirrung ersparte, die mir die Bereitwilligkeit, mich zu entklei-den, gemacht haben würde. Mein Kleid war in einem Augen-blick losgesteckt und abgezogen; nur mein Schnürleib machte noch Schwierigkeiten, die Luise sogleich dadurch behob, dass sie ihm eine Schere gab, um die Bänder zu zerschneiden. Fort war auch diese Hülle; mein Oberrock wurde weggezogen, nur mein Unterrock und mein Hemd blieben noch, da der offene Busen der Hand und dem Auge alle Freiheit gestattete. Hier glaubte ich, dem Mutwilligen Einhalt gebieten zu müssen; aber meine Rechnung kam zu kurz; mein Gebieter bat zärtlich, unter-stützt von den übrigen, dass ich ihnen durch diese dünne Hülle den vollen Anblick meines Körpers nicht entziehen möge, so dass ich, zu gehorsam, um mit ihm über irgendetwas zu rechten, und im Glauben, dass das Gebliebene zu unwesentlich sei, gleich meine Einwilligung zu allem gab, was sie wünschten. In einem Augenblick lag also mein Unterrock zu meinen Füßen, und mein Hemd wurde mir über den Kopf gezogen, so dass auch mein Kopfputz, der nur wenig angesteckt war, mit davonging und mein Haar (ich darf noch einmal ohne Eitelkeit daran erinnern, dass es sehr schön war) in losen, unordentlichen Lo-cken über meinen Nacken und meine Schultern herabfiel und nicht unvorteilhaft von meiner Haut abstach.

Jetzt stand ich in der vollen Wahrheit der Natur vor meinen Richtern, und ich mochte ihnen als keine unangenehme Figur erscheinen, wenn Sie sich dessen erinnern wollen, was ich über meine Person gesagt habe, welche die Zeit, die uns in gewissen Perioden des Alters jeden Augenblick einen neuen Reiz raubt, damals durch eine vollere und offenere Blüte noch vollkom-mener gemacht hatte, denn mir fehlten nur einige Monate zu

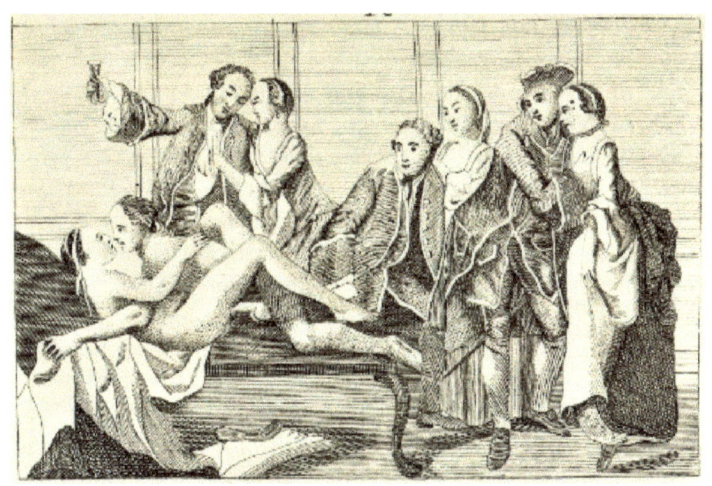

»Fannys Initiation«. Illustration aus einer Pariser Ausgabe von 1776. Kupferstich von Elluin, bekannt für seine erotischen Koproduktionen mit Borel, der hier die zeichnerische Vorlage schuf.

achtzehn Jahren. Meine Brüste, die noch immer vorzüglich in ihrer Nacktheit sind, besaßen in ihrer angenehmen Fülle eine Festigkeit und eine Unabhängigkeit von Schnürleibern, die jede Probe der Befühlung rechtfertigen durfte. Dabei war ich so schlank, wie es nur mit der saftvollen, fleischigen Fülle vereinbar sein konnte, die dem Gesicht und Gefühl am angenehmsten ist, ein Vorzug, den ich meiner Gesundheit und Jugend verdankte. Ich hatte aber noch nicht auf alle angeborene Schamhaftigkeit Verzicht geleistet, als dass ich nicht in große Verwirrung über meine jetzige Lage geraten wäre; doch der ganze Trupp von Männern und Weibern um mich herum gaben mir durch allerlei Zeichen von Beifall und Beweise schmeichelnder Aufmerksamkeit wieder Mut, um in mir Empfindungen des Stolzes über die Figur, die ich machte, zu erwecken. Wenn ich alle Komplimente *dieser Kenner, mit denen sie mich überströmten, als aufrichtig hätte ansehen können, würde ich mir schmeicheln dürfen, die Probe mit Einstimmigkeit bestanden zu haben.*

Mein Freund, der jetzt über mich zu gebieten hatte, ging auf alle ihre Launen ein und befriedigte vielleicht auch seine eigene damit, dass er mich in alle möglichen Stellungen brachte und jede Schönheit unter jedem Gesichtspunkte heraushob, nicht ohne häufige Einschaltung von Küssen und Freiheiten seiner irrenden Hand, so dass jede Empfindung der Scham vor ihnen floh. Meine glühende Röte lockte zu einer wärmeren Begierde, die mich nun auch selbst einigen Geschmack an dieser Szene finden ließ. (...)

Weil mein Gesellschafter entweder alle Arten der Vergnügungen des Gesichts und des Gefühls erschöpft hatte oder jetzt von seiner Begierde überwältigt wurde – kurz – er warf eilig seine Kleider ab; die die außerordentliche Hitze des engen Zimmers, ein großes Kaminfeuer, viele Lichter, und selbst die ansteckende Wärme der Szenen vorher bewirkten, dass er es auch mit seinem Hemde so machte und dass seine Beinkleider das, was sie enthielten, hergaben und der Feind, mit dem ich zu kämpfen hatte, vor der Front stolz und steif sein glühendes, unbedecktes Haupt emporhob. Jetzt sah ich deutlich, womit ich zu rechnen hatte, es war eines von den gut geformten Instrumenten, die sein Besitzer mehr in der Gewalt hat als die von einer ungewöhnlicheren, schwer zu bändigenden Größe. Als er mich nun also fest an seine Brust drückte und sein Idol in meine Nische brachte, wobei ich ihm, so gut ich konnte, zur Hand ging, tat er es bis zum letzten Zoll. Er hob meine Lenden über seine nackten Hüften, so dass, gespießt wie ich auf dem Speer der Liebe war und an seinem Halse hängend, an dem ich mein von Feuer glühendes Gesicht verbarg, mein Busen an dem seinigen brannte. Nun brachte er mich aufs Bett, ohne den Hafen zu verlassen. Da

legte er sich nieder und begann den Kampf des Vergnügens;
aber durch alle die Anblicke der Nacht war unsere Einbildungs-
kraft zu erhitzt, um uns nicht schnell hinschmelzen zu lassen,
so dass ich bald den warmen Einfluss aus ihm in meinem Innern
fühlte, da auch ich eilte, an der Ekstase des Augenblicks teil-
zunehmen. Aber ich hatte noch mehr Ursache, mich unserer
Übereinstimmung zu rühmen; denn ich merkte, dass noch nicht
alle Flammen der Begierde in mir ausgelöscht waren, sondern
dass ich, gleich genässten Kohlen, nur noch mehr in Glut geriet.

Mein heißblütiger Jüngling aber empfand so sehr wie ich,
dass er zum zweiten Male lud und die Batterie anfing, mich
mit verdoppeltem Feuer zu bestürmen. Höchst entzückt hierüber,
bemühte ich mich dankbar, alle meine Bewegungen zu seinem
höchsten Vergnügen und Vorteil abzumessen. Küsse, Betasten,
zärtliches Gemurmel, alles kam ins Spiel, bis unsere Freuden
stürmischer, heftiger wurden, bis wir in eine verliebte Verrückt-
heit gerieten und uns in einen Ozean grenzenloser Freuden
stürzten - (...)

Die Gesellschaft, die uns in tiefem Stillschweigen umstanden
hatte, half mir, als alles vorbei war, in meine Kleider und
beglückwünschte mich zu der gerechten Ehre, die sie meinen
Reizen hätten widerfahren sehen, da ich den doppelten Lohn in
einer einzigen Vereinigung erhalten hatte. Mein Gesellschafter,
der nun auch wieder angekleidet war, bewies mir vor allen
anderen eine Innigkeit, die nicht durch den vorigen Genuss
geschwächt worden war. Auch die Mädchen küssten und
umarmten mich, sie versicherten, dass ich für dieses oder ein
anderes Mal, wenn es mir nicht gefiele, mich keiner öffent-
lichen Probe mehr zu unterziehen brauche und jetzt, wie alle
von ihnen, eingeweiht sei.

Entwicklungsgeschichten verlaufen bekanntlich nicht linear, ein großer Sprung nach vorn, hat zumeist einen Rückschritt zufolge. Nachdem die Romanheldin der galanten Epoche eine glückliche sexuelle Entfaltung genießen durfte, breitet sich im 19. Jahrhundert die prüde Aura Königin Viktorias aus. Das Liebesleben ist - zumindest in Romanen - komplizierter geworden. Für die Protagonisten entstehen schwere innere Konflikte, wie für den streng katholischen Grafen Muffat, der den Reizen der üppigen Schauspielerinnen-Kokotten Nana verfällt.

Im Jahre 1878 beendete Zola den Entwurf zu seinem großen Sittenroman und schrieb: *Die Grundidee ist: Eine ganze Gesellschaft stürzt sich auf Nanas Geschlecht. Eine Meute ist hinter einer Hündin her, die gar nicht heiß ist und ihren Spott treibt mit den Hunden, die ihr nachlaufen.* »*Das ewige Lied vom männlichen Begehren*«, *der große Hebel, der die Welt bewegt. Nichts tut dies mehr als das Geschlechtliche und die Religion.*

Das glanzvolle Theaterdebüt Nanas in der Rolle der blonden Venus, ist nicht nur die Schlüsselszene der Handlung, sondern auch einer der großen erotischen Momente der Literatur.

Jetzt erschallten die drei Schläge; der letzte Akt begann. Die Claque beklatschte die Dekoration, die eine in einer Silbergrube ausgehöhlte Grotte des Ätna darstellte, deren Seitenwände hell wie neue Talerstücke schimmerten; im Hintergrund stand Vulkans Schmiede, deren Esse den Eindruck eines niedergehenden Gestirns machte. Diana verständigte sich mit dem Gott über die im zweiten Akt offengebliebenen Differenzen; Vulkan sollte eine Reise erheucheln, um für Venus und Mars freie Bahn zu lassen. Kaum befand sich Diana allein, als Venus erschien. Ein aufgeregtes Beben durchlief den Saal. Nana war nackt. Sie zeigte sich in ihrem Kostüm mit ruhiger, bewusster Kühnheit, des Allvermögens ihrer Reize gewiss. Ein loser Gaze-

138

»Vulkan überrascht Venus und Mars«; eine Szene, auf die in der Malerei immer wieder gerne zurückgegriffen wurde, wenn es darum ging, unter dem Deckmantel des Mythos sündige Nacktheit darzustellen. Aus dem Dauerverhältnis soll Amor hervorgegangen sein. Padovanino ca. 1631.

schleier umhüllte sie; ihre vollen Schultern, ihr Amazonenbusen unter dem leichten Schleier, der die Farbe weißen Schaumes hatte, schimmerten hindurch. Die den Fluten entstiegene Venus, deren schönste Bekleidung ihr wallendes Haar ist, zeigte sich hier dem Publikum. Plötzlich erwachte in dem kindisch-gutherzigen Geschöpf das Weib, das mit seinem unruhigen Drang all das Unbekannte der Begierde erschließt und die Weiblichkeit triumphieren lässt. Nana lächelte, aber ihr Lächeln war jenes scharfe, spitze Lächeln des Männerherzen aussaugenden Vampirs.

– »Alle Teufel!« wandte sich Fauchery an seinen Freund.

Mars eilte inzwischen mit seinem wallenden Federbusch zum

Hemmungslose Kuppelei in den Künstlergarderoben des Théâtre des Variétés war zu Zolas Zeiten gang und gäbe. Ihre Frauen zur Prüderie erziehend gingen Ehemänner und angehende Ehemänner zu Halbwelt-Damen, um dort ihre Lust zu befriedigen. Illustration von Georges Bellenger zu einer der ersten Pariser Auflagen von »Nana«, 1882 bei Marpon et Flammarion erschienen.

Rendezvous herbei und stand jetzt zwischen den beiden Göttinnen. Nun folgte eine Szene, die Prullière mit aller ihm eigenen Finesse spielte; geliebkost von Diana, die noch eine letzte Anstrengung an ihn verschwenden wollte, bevor sie ihn dem Vulkan überlieferte, gestreichelt von Venus, die durch die Gegenwart ihrer Rivalin noch mehr gereizt wurde, überließ er sich den süßen Empfindungen mit dem glückstrahlendsten Gesicht und blähte sich auf wie der Vogel im Hanfsamen. Ein großes Trio bildete den Schluss der Szene, und in diesem Augenblick trat eine Schließerin in die Loge von Lucy Stewart und warf zwei ungeheure Buketts von weißem Flieder auf die Bühne. Man applaudierte; Nana und Rose Mignon knicksten, während Prullière die Buketts aufhob. Ein Teil der im Parkett sitzenden Personen blickte lächelnd zu der Loge hinauf, in welcher Steiner und Mignon saßen. Der Bankier, dem das Blut ins Angesicht getreten war, bebte am ganzen Körper, sein Kinn zitterte konvulsivisch, gerade als ob ihm etwas in der Kehle steckengeblieben wäre.

Was nun folgte, war dazu angetan, das Publikum vollends zu packen. Diana war wütend davongerast. Gleich darauf rief Venus, die sich auf eine Moosbank hingestreckt hatte, Mars an ihre Seite. Noch niemals hatte man eine glühendere Verführungsszene dem Publikum zu zeigen gewagt. Nana, die ihre Arme um Prullières Hals schlang, zog ihn zu sich nieder, als plötzlich Fontan in einem trefflich nachgeahmten Anfall toller Wut, mit dem glühend erregten Gesicht des gefoppten Ehemanns, der seine Frau auf frischer Tat überrascht, im Hintergrund der Grotte erschien und das berüchtigte Eisenmaschennetz wild in den Händen schwang. Ein Moment noch, dann ein geschickter Ruck, und Venus und Mars waren in der Schlinge gefangen; das Netz umschlang sie, und bewegungslos mussten sie in ihrer verliebten Positur verharren.

Ein Gemurmel wurde laut und schwoll an gleich einem auf-
steigenden Seufzer. Ein paar Hände klatschten, sämtliche Augen-
gläser und Operngläser waren auf Venus gerichtet. Allmählich
hatte Nana vom Publikum Besitz ergriffen, jedermann war ihr
jetzt untertan. Das Fluidum, das von ihr ausging, breitete sich
mehr und mehr aus und erfüllte den Saal. In diesem Augenblick
atmeten auch ihre leisesten Gebärden Wollust; eine einzige
Bewegung ihres kleinen Fingers ließ jedes Männerherz still-
stehen ... Fauchery sah vor sich den jungen Bruder Studio, den
die Flammen der Leidenschaft von seinem Fauteuil emporhoben.
Er fühlte eine neugierige Regung, den Grafen Vandeuvres zu
betrachten, der bleich mit zusammengekniffenen Lippen auf
seinem Sessel lehnte; dann glitt sein Blick auf den dicken
Steiner, dessen Gesicht in apoplektischer Röte glühte; dann auf
Labordette, der mit dem Erstaunen eines eine vollendete Stute
bewundernden Pferdehändlers sein Monokel ins Auge drückte;
endlich auf Daguenet, dessen Ohren flammten und im Gefühl
befriedigten Sinnenrausches sich bewegten. Dann trieb ihn ein
instinktartiges Gefühl, vorwärts zu schauen, und er blieb einen
Moment lang verdutzt über das, was sein Blick in der gräf-
lichen Loge der Muffats erschaute: hinter der Gräfin, die blass
und ernst aussah, richtete sich die Gestalt des Grafen empor,
dessen Mund offenstand. Sein marmornes Angesicht war rot
gefleckt, und neben ihm tauchten aus dem Schatten die trüben
Augen des Marquis de Chouard auf, die sich zu einem Paar
phosphoreszierender Katzenaugen umgewandelt hatten.

Nana, die kühne Nana, blieb angesichts dieses verblüfften
Publikums, angesichts dieser fünfzehnhundert zusammenge-
pferchten Personen, die abgespannt, nervös erregt nur für das
seinem Ende zuneigende Schauspiel Sinn hatten, Nana blieb
Siegerin. Der Vorhang sank über die Apotheose: Der Chor der
Gehörnten lag auf den Knien, einen Dankeshymnus zu Venus

emporsendend, die in ihrer souveränen Nacktheit lächelte und zu unsagbarer Größe emporwuchs.

Zolas neusten Roman musste man kennen. Auch als frischer Heimkehrer aus Amerika. Wie gut, dass Frank Harris belesen war. Athen bescherte ihm so einen Bildungsaufenthalt ganz besonderer Art. Der folgende Text stammt aus seiner Autobiografie »My Life and Loves«, die von der gesamten Englisch sprechenden Kritik unmissverständlich verdammt wurde.

Als wir zu unseren Zimmern weitergingen, sah ich ihr glühendes Gesicht. Vor ihrer Tür stellte ich sie: »Meinen Kuss!« sagte ich. Und wie im Traum küsste sie mich. L'heure du berger hatte geschlagen.

»Möchten Sie mich heute Nacht nicht besuchen?« flüsterte ich. »Die Tür dort führt in mein Zimmer.« Sie sah mich mit dem unergründlichen Blick einer Frau an, und zum ersten Mal schenkten sich mir ihre Augen. An diesem Abend ging ich früh zu Bett und rückte das Sofa zur Seite, das vor der Tür stand. Ich wollte sie aufschließen, musste jedoch zu meinem Leidwesen feststellen, dass sie von ihrer Seite aus verschlossen war.

Gegen elf Uhr ungefähr hörte und sah ich, dass sich der Türdrücker bewegte. Ich blies sofort das Licht aus, aber die Vorhänge waren nicht vorgezogen, und der Raum war hell vom Mondlicht.

»Darf ich hineinkommen?« fragte sie.

»Ob Sie dürfen?« Schon war ich aus dem Bett und schloss ihren herrlichen Körper in meine Arme. »Sie sind wunderschön!« sagte ich und hob sie in mein Bett. Sie hatte ihren Morgenrock abgeworfen und hatte nur ein Nachthemd an. Sofort begannen meine Hände, ihren Körper überall zu liebkosen. Dann lag sie auch schon neben mir. Aber sie rückte etwas von mir ab.

»Unterhalten wir uns!« sagte sie.

Ich begann, sie zu küssen, ging aber auf ihren Wunsch ein.

»Unterhalten wir uns!« Zu meiner Verwunderung fragte sie: »Haben Sie Zolas letztes Buch gelesen, Nana?«

»Ja!« erwiderte ich.

»Gut«, sagte sie, »dann wissen Sie ja, was das Mädchen mit Nana machte?«

»Ja«, erwiderte ich, und sah alle meine Felle dahinschwimmen.

»Gut«, fuhr sie fort, »warum wollen Sie das dann nicht auch mit mir tun? Ich habe ganz furchtbare Angst davor, ein Kind zu bekommen. Das hätten Sie auch an meiner Stelle. Warum nicht ohne Furcht lieben?«

Wie ein Blitz schoss mir das Sprichwort durch den Kopf, dass schließlich alle Wege nach Rom führten. Ich war also einverstanden und rutschte nach unten zwischen ihre Beine.

»Sagen Sie mir bitte, wie es am schönsten für Sie ist«, sagte ich und öffnete behutsam die Lippen ihres Geschlechts, um sie mit meinem Mund zu küssen und meine leicht vibrierende Zunge ihre Klitoris berühren zu lassen.

Es war nichts Abstoßendes dabei. Es war nur ein etwas anderer, ein sinnlicherer Mund. Ich hatte ihn wohl zweimal geküsst, als sie mit einem Seufzer etwas nach unten glitt und flüsterte: »Ja, so ist es schön! Es ist himmlisch!«

Auf diese Weise ermutigt, fuhr ich natürlich fort. Alsbald schwoll ihre kleine Klitoris an. Ich konnte sie mit den Lippen fassen. Und jedes Mal, wenn ich etwas an ihr saugte, zuckte ihr Körper leicht. Bald spreizte sie ihre Beine mehr und zog sie an, so dass ich freien Zugang hatte. Ich küsste jetzt ihr ganzes Geschlecht. Ihre Bewegungen wurden schneller und ihre Atemzüge unregelmäßiger. Und als ich meinen Zeigefinger zu Hilfe nahm, wuchs ihre Erregung zusehends. Plötzlich begann sie auf Französisch: »Oh, c'est fou! Oh, c'est fou!« Und plötzlich zog

Bildzyklus »Liebe« Blatt 12 des ungarischen Malers Mihály Zichy. 2. Hälfte 19. Jh.

sie mich an sich, nahm meinen Kopf in beide Hände und presste ihren Mund mit aller Gewalt auf den meinen, dass es schmerzte.

Dann war mein Kopf bereits wieder zwischen ihren Beinen, und das Spiel ging weiter. Ich bemerkte allmählich, dass mein Finger, der die Oberfläche ihres Geschlechts rieb, während ich ihre Klitoris küsste, ihr die schönsten Gefühle gab.

Nach weiteren zehn Minuten rief sie: »Frank, Frank, hör auf! Küsse mich! Hör auf und küsse mich! Ich kann nicht mehr, ich werde sonst wahnsinnig! Ich möchte dich beißen oder zwicken!«

Natürlich tat ich wieder, was sie verlangte, und ihr Körper schmiegte sich ganz eng an den meinen, während sich unsere Lippen fanden.

»Bester, du!« sagte sie, »ich liebe dich so sehr. Und wie wundervoll du küssen kannst!«

»Das habe ich von dir gelernt«, sagte ich. »Ich bin dein Schüler.«

145

Dieses recht unkonventionelle Selbstbekenntnis war lange Zeit nur als Privatdruck erhältlich und wurde lediglich in Frankreich öffentlich verkauft. Als »My Life and Loves« 1965 in Amerika erschien, schrieb die Los Angeles Times schon wohlwollender: »Die Autobiographie ist nicht, wie der übelwollende Klatsch es darstellt, völlig sexbesessen. Eher scheint sie bemerkenswert nah an das, was Harris in seinem Vorwort versprich, heranzukommen: *»Schließlich und endlich kehre ich zu der alten englischen Tradition zurück: Ich bin entschlossen, die Wahrheit über meine Pilgerfahrt durch diese Welt zu erzählen, die ganze Wahrheit und nichts als die Wahrheit über mich selbst und andere; und ich werde versuchen, über die anderen wenigstens so freundlich zu berichten wie über mich selbst.«*
Frank Harris selbst ist natürlich alles andere als der Prototyp der viktorianischen Ära, dennoch gibt die Gefühlswelt seiner Liebsten oft erstaunliche Einblicke in die Zeit.

Wenig später entlockte Lily dem Steinway schon einen Walzer, und mit meinem Arm um die zarte, schmiegsame Taille meiner Inamorata versuchte ich, die Musik in Schritte umzusetzen. Aber: schon nach vielleicht zwei Drehungen wurde mir schwindelig, und entgegen all meinen guten Absichten musste ich zugestehen, dass ich nie ein Tänzer werden würde.

»Sie sind ja ganz blass geworden!« sagte Mrs. Mayhew. »Sie müssen sich einen Moment auf das Sofa setzen!« Nur ganz langsam wich das Schwindelgefühl. Noch bevor mir wieder gut war, verabschiedete sich Miss Lily mit ein paar wohlgemeinten Worten und ging nach Hause. Mrs. Mayhew servierte mir eine Tasse herrlichen Kaffees. Ich stürzte ihn hinunter und fühlte mich sofort wieder frisch.

»Sie sollten sich ein bisschen niederlegen«, sagte Mrs. Mayhew, noch immer mitleidsvoll. »Das Gästezimmer«, sie öffnete eine

Tür, »ist doch dafür da.« Ich erkannte meine Chance, trat zu ihr an die Tür. »Wenn Sie mitkommen«, flüsterte ich. Und dann: »Der Kaffee hat alles wieder in Ordnung gebracht. Möchten Sie mir nicht einen Kuss geben, Lorna? Sie können sich ja gar nicht vorstellen, wie oft ich Ihren Namen in der vergangenen Nacht vor mich hinsagte, Liebes!« Und schon hatte ich sie wieder in den Armen und küsste sie.

Diesmal sträubte sie sich nicht, und mein Kuss wurde zu einem langen Liebkosen. Endlich entzog sie sich mir und sagte: »Setzen wir uns und plaudern wir ein wenig! Ich möchte ganz genau wissen, was Sie tun.« So setzte ich mich neben sie auf das Sofa und küsste sie. Ihre Lippen wurden heiß. Ich wusste, was das bedeutete. Sofort legte ich meine Hand auf ihr Geschlecht. Sie sträubte sich zunächst ein wenig. Ich nützte ihre Bewegungen, unsere Körper einander näherzubringen. Und als sie innehielt, glitt ich mit meiner Hand unter ihren Rock und begann, ihr Geschlecht zu streicheln: es war heiß und feucht. Ich hatte es mir so vorgestellt.

Dann ergriff sie die Initiative. »Wenn man uns hier entdeckt!« flüsterte sie. »Ich habe das Mädchen zwar weggeschickt, aber ... Kommen Sie nach oben in mein Schlafzimmer!«

Sie führte mich die Treppe hinauf. Ich bat sie, sich auszuziehen. Ich wollte ihre Figur sehen. Aber sie sagte nur: Ich habe kein Korsett an. Im Hause trage ich es nur ganz selten. Liebst du mich auch wirklich?«

»Muss ich es noch sagen?« war meine Antwort.

Damit hob ich sie auf mein Bett, schob ihr Kleid hoch, spreizte ihre Beine und hatte gewonnen. Es bereitete keine Schwierigkeit, und alsbald hatte ich bereits meinen Höhepunkt erreicht, hörte dennoch nicht auf, das Feuer leidenschaftlich zu schüren. Wenige Minuten später begann sie, unregelmäßig zu atmen. Ihre Augen flackerten, und sie beantwortete meine Bewegungen mit

147

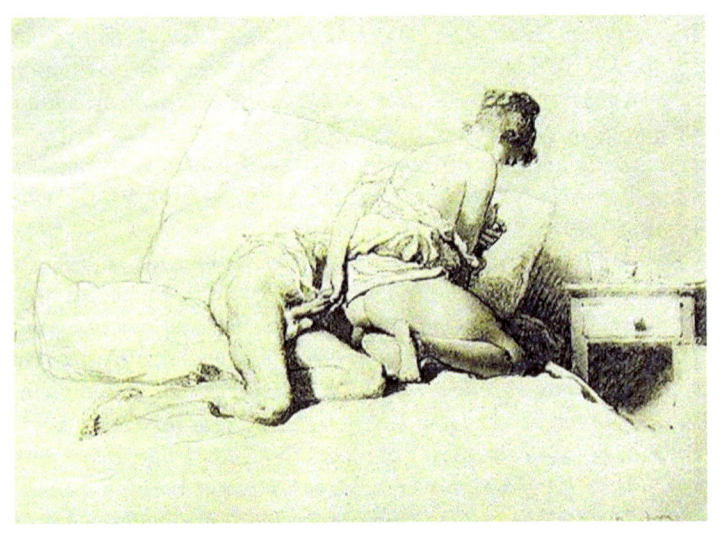

Seufzern und einem Zusammenziehen ihrer Vaginalmuskeln.

Es dauerte eine Weile bis zu meinem zweiten Orgasmus, aber während der ganzen Zeit zeigte sich Lorna mehr und mehr aktiv, bis sie ihre Hände schließlich auf mein verlängertes Rückgrat legte, und mich mit aller Kraft an sich zog, während sie sich etwas unbeholfen hob und senkte, um meinen Bewegungen einen Widerstand entgegenzusetzen, den ich kaum vermutete. Und immer wieder war es bei mir so weit, und je länger das Spiel währte, desto wilder wurde ihre Erregung und ihr Entzücken. Sie küsste mich heiß, wobei sie ihre Zunge spielen ließ und sie in meinen Mund presste. Schließlich begann sie, hysterisch zu schluchzen und brach, wild keuchend, in Tränen aus.

Das bremste mich. Ich nahm sie in den Arm und küsste sie. Zunächst klammerte sie sich an mich, schluchzte, als ob sie zu ersticken drohte, und weinte.

Als sie sich wieder etwas beruhigt hatte, ging ich zur Toilette und holte ihr einen mit kaltem Wasser getränkten Schwamm, um damit ihr Gesicht von den Tränen zu säubern. Ich gab ihr einen Schluck Wasser zum Trinken. Das beruhigte sie vollends. Aber sie wollte mich noch nicht lassen. Nicht einmal, um meine Kleider in Ordnung zu bringen.

»Du Starker, du! Du Kräftiger, du!« sagte sie, während ihre Arme mich umschlangen. »Wer hätte das für möglich gehalten? Sowas habe ich noch nie erlebt. Wie hast du das nur so lange geschafft? Ich liebe dich ...«

»Mach mit mir, was du willst«, fuhr sie fort. »Ich bin deine Geliebte, deine Sklavin, dein Spielzeug. Und du bist mein Gott. Du ...«

Oben: Mihály Zichy: Zyklus »Liebe« Blatt 36 u. Blatt 4.

Lorna war die erste Frau, die Harris wirklich gehabt hatte, doch mit Liebe hatte die Verbindung wenig oder gar nichts zu tun, eher mit »Verfeinerungen der Leidenschaft«, wie man sie in den Staaten gemeinhin schon kannte. *Es war dämonischer, jugendlicher Geschlechtsdrang in mir und derselbe Hunger in ihr ...*

Sie begrüßte mich wortlos und mit so ernstem Gesicht, dass ich nicht einmal wagte, sie zu küssen, sondern ihr stattdessen auseinanderzusetzen begann, was Smith mir bedeutete und dass ich gar nicht genug für ihn tun könnte, da er für meinen Geist das sei, was sie (Gott helfe mir) für mein Herz und meinen Körper bedeute. Dann küsste ich ihre kalten Lippen.

Sie schüttelte traurig den Kopf.

»Wir Frauen haben einen sechsten Sinn, wenn wir verliebt sind«, begann sie. »Ich fühle, dass irgendetwas Neues in dein Leben getreten ist. Es liegt Gefahr in der Luft. Frag mich nicht nach einer Erklärung für dieses Gefühl. Ich könnte sie nicht geben. Aber mein Herz ist schwer und kalt wie der Tod. Wenn du mich verlässt, gibt es eine Katastrophe ... «

»Ich habe dir viel zu erzählen«, unterbrach ich sie hastig. »Viele Neuigkeiten.«

»Komm nach oben!« schnitt ich mir selbst die Rede ab. »Ich möchte dich so sehen, wie du jetzt bist, mit deinen geröteten Backen, den leuchtenden Augen, der vibrierenden Stimme. Komm!«

Und sie kam wie eine traurige Sibylle. »Wie schaffst du es nur«, fragte sie, während wir uns auszogen, »einem immer wieder genau das zu sagen, was man hören möchte?«

Ich schloss sie in die Arme und stand nackt, Körper an Körper, vor ihr. »Was gibt es denn bei dir Neues?« fragte ich, hob sie ins Bett, legte mich neben sie und kuschelte mich an ihren warmen Körper.

»In meiner Liebe gibt es immer wieder was Neues!« sagte sie laut. Sie umschloss mein Gesicht mit ihren schlanken Händen und nahm meine Lippen mit den ihren.

»Wie habe ich mich gestern Nachmittag nach dir gesehnt! Ich habe den Brief selbst gebracht und hörte dich in deinem Zimmer sprechen. Vielleicht mit Smith«, fügte sie hinzu und sah mich fragend an. »Als ich deine Stimme hörte, oder glaubte, sie zu hören, konnte ich mich kaum beherrschen. Ich war drauf und dran, zu dir hineinzugehen. Stattdessen lief ich weg und war auf dich wütend und auf mich.«

»Du bist eine wunderbare Frau!« sagte ich, spreizte ihre weichen Oberschenkel während meiner Worte und glitt über sie. Im nächsten Moment schon waren wir wieder nur ein einziger Körper. Ihr nackter Leib presste sich bei den langsamen Auf- und Abbewegungen gegen den meinen.

»Wenn du herauskommst«, sagte sie heftig, »habe ich immer Angst, ich könnte dich verlieren. Und wenn du wiederkommst, dann jubelt mein Herz: Du - du - du!« Sie küsste mich mit heißen Lippen.

»Du wolltest doch was Neues hören, du Eitler, du!« sagte sie. »Was Neues über meine Liebe! Ja, du machst mich wahnsinnig mit all dem Schönen, was du mir schenkst! Mal bin ich ausgedörrt vor Verlangen und dann wieder in Schweiß gebadet. Damit du es weißt: Ich könnte mit dir mein ganzes Leben lang zusammenleben, ohne dich ganz zu haben, wenn du nicht mehr möchtest oder wenn es besser für dich wäre. Glaubst du das?«

»Ja«, sagte ich und setzte das Liebesspiel fort.

»Wir Frauen haben keine Seele, sondern lieben«, sagte sie leise, während ihre Augen erstarben.

»Ich überlegte Tag und Nacht, was ich tun könnte, um dir zu gefallen. Und trotzdem willst du mich verlassen. Ich weiß, dass du das willst. Irgendeines dummen Mädchens wegen, das dir

Oraler Sex gehörte in der westlichen Welt lange Zeit zu den verbotensten unter den verbotenen Früchten. Bis ins 19. Jahrhundert waren Fellatio und Cunnilingus nicht so beliebt wie Analverkehr, gemessen an den Seiten ihnen gewidmeter Texte und künstlerischer Darstellungen. Mihály Zichy: Bildzyklus »Liebe«, Blatt 9.

nicht ein Zehntel von dem geben kann, was ich dir gebe - «

Sie begann schneller zu atmen. »Ich habe darüber nachgedacht, wie ich dein Lustgefühl noch steigern könnte. Mal sehn! Weißt du eigentlich, Darling, was dein Samen für mich bedeutet? Gold ist er! Pures Gold. Ich möchte, dass es für dich noch schöner wird. Ich möchte deinen Lebenssaft trinken, ich möchte - «

Sie unterbrach sich, entglitt mir gewandt nach unten und ich spürte ihren Mund. Sie bewegte ihre Lippen hin und her, bis sie hastig schluckte.

»Jetzt liebe ich Sie erst richtig, Sir!« sagte sie enthusiastisch, richtete sich auf und schmiegte sich an mich. »Such dir erst mal ein andres Mädchen, das das tut! Und dann weißt du, wer dich wirklich liebt, dich liebt bis zur Selbstaufgabe!«

Dieser Hymnus auf den Wonnetrunk stammt aus jüngerer Zeit.

Großer Phallus, diese Pracht...
Beuge mich, führ ihn zum Mund;
Oh, Herr, für dich der Opferkelch...
Kann dir nicht mehr widerstehn, gib mir, gib mir, diene mir...
Herr und Meister, diene mir, ich bin die Empfangende...
Mein Gebieter... deine Lust... gib mir... bitte schenk sie mir...
Gib mir, gib mir deine Lust... deine Lust, - ja, deine Lust...
Magier, jetzt... der Zauberstrahl, gib mir, jetzt, - jetzt schenk
ihn mir...
Herrlichkeit in Ewigkeit...
Deine Lust, oh, deine Kraft...
...
...
...
Köstlich war der Zaubersaft.

Eva Wittmann aus »Der Magier«, 1998.

Ein für das 19. Jahrhundert ebenso provokantes Werk wie *My Life and Loves* war *Teleny*. Schon allein wegen der zahlreichen homoerotischen Szenen. Die Autorenschaft des 1893 anonym in London erschienenen Romans wird Oscar Wilde zugeschrieben. Vermutlich war er aber nicht der Alleinverfasser, sondern hatte nur maßgeblich seine Finger im Spiel.

»Ich liebe dich!« flüsterte er. »Ich liebe dich wahnsinnig!« Ich kann ohne dich nicht mehr leben.«

»Ich auch nicht mehr«, sagte ich mit schwacher Stimme, »ich habe vergeblich gegen meine Leidenschaft angekämpft, und jetzt gebe ich nach, zahm, aber begierig und froh. Ich gehöre dir, Teleny! Ich bin glücklich, dir zu gehören, für immer und ewig, nur dir allein!«.

Als Antwort entrang sich ihm aus tiefster Brust ein erstickter Schrei; in seinen Augen loderte Feuer auf; sein Verlangen steigerte sich zu Raserei; es war die Wut des wilden Tieres, das sein Opfer packt; die Gier des einsamen Männchens, das endlich einen Geschlechtsgenossen gefunden hat. Doch seine wilde Gier war mehr als das; sie war auch eine Seele, die aufstieg, um eine andere Seele zu treffen. Es war eine Sehnsucht der Sinne, eine wahnsinnige Berauschtheit des Gehirns.

Konnte dieses heiße, unlöschbare Feuer, das unsere Körper verzehrte, Lust genannt werden? Wir hingen so verbissen aneinander, wie das ausgehungerte Tier tut, wenn es die Nahrung packt, die es verschlingt; und indes wir uns mit dauernd wachsender Gier küssten, kraulten meine Finger sein lockiges Haar oder streichelten die weiche Haut seines Nackens. Unsere Beine waren ineinander verkeilt, und sein Phallus rieb sich in starker Erregung an meinem, der nicht weniger steif und stark war. Dabei veränderten wir jedoch dauernd unsere Position, um jeden Teil unserer Körper möglichst eng in Kontakt zu bringen. Und so uns fühlend, haltend, umarmend, uns küssend und beißend, müssen wir auf jener Brücke, inmitten immer dichter werdenden Nebels, ausgesehen haben wie zwei verdammte Seelen, die ewige Qualen leiden.

Der Zeiger der Zeit stand still; und ich glaube, in unserer rasenden Gier hätten wir uns weiter angestachelt, bis wir völlig von Sinnen gewesen wären - denn beide standen wir am Rand des Wahnsinns -, wenn nicht eine ganz triviale Kleinigkeit dazwischen gekommen wäre.

Eine verspätete Droschke - müde von des Tages Arbeit - trottete langsam auf ihrem Heimweg vorbei. Der Kutscher schlief auf seiner Bank; die arme alte Schindmähre, deren Kopf fast zwischen den Vorderbeinen hing, schien ebenfalls zu schlummern - vielleicht träumte sie von ungestörter Ruhe, von frischgemähtem Heu, von den grünen Weiden und den Blumenwiesen ihrer Jugend; selbst das langsame Rumpeln der Räder schien mit seinem mahlenden, schnarchenden Geräusch und in seiner grämlichen Eintönigkeit Schlaf zu sein.

»Komm mit mir nach Hause«, sagte Teleny mit leiser, nervöser und bebender Stimme, »komm und schlaf mit mir«, flehte er mit dem weichen, gedämpften Ton des Liebenden, der gerne ohne Worte verstanden werden möchte.

Als Antwort drückte ich nur seine Hände.

»Du kommst mit?«

»Ja«, flüsterte ich fast unhörbar.

Dieses leise, kaum artikulierbare Geräusch war der heiße Atem heftigen Begehrens; diese eine gehauchte Silbe war das bereitwillige Eingehen auf seinen größten Wunsch.

Da rief er die vorbeirollende Droschke an, aber es dauerte eine Weile, bis der Kutscher erwachte und ihm klargemacht werden konnte, was wir wollten.

Als ich in das Fahrzeug trat, war mein erster Gedanke, dass

Teleny in wenigen Minuten mir gehören würde. Dieser Gedanke wirkte auf meine Nerven wie ein elektrischer Strom, und von Kopf bis Fuß durchlief mich ein Zittern.

Um es glauben zu können, mussten meine Lippen die Worte »Teleny wird mir gehören« artikulieren. Er schien die lautlose Bewegung meiner Lippen zu verstehen, denn er nahm meinen Kopf zwischen seine Hände und küsste ihn wieder und wieder. Dann, als empfände er einen Gewissensbiss: »Du bereust es doch nicht, oder?« fragte er.

»Wie könnte ich.«

»Und du wirst mir gehören - mir ganz allein?«

»Ich habe noch nie einem anderen gehört und werde es auch nie.«

»Und du wirst mich für immer lieben?«

»Für immer und ewig.«

»Dann soll dies unser Schwur sein wie das Siegel auf einer Urkunde«, sagte er.

Darauf legte er seine Arme um mich und drückte mich an seine Brust. Und auch ich umschlang ihn mit den Armen. Beim flackernden, trüben Licht der Droschkenlampen sah ich in seinen Augen das Feuer des Wahnsinns aufleuchten. Seine Lippen - ausgedörrt vom Durst lange unterdrückten Begehrens, vom Eingekerkertsein unersättlicher Besessenheit näherten sich vorgestülpt den meinen mit dem schmerzlichen Ausdruck dumpfer Qual. Wieder saugten wir in einem Kuss das Sein des anderen in uns auf - in einem Kuss, der, wenn das möglich ist, noch intensiver war als der davor. Was für ein Kuss das war!

Das Fleisch, das Blut, das Gehirn und jener unbestimmt subtilere Teil unseres Seins - all das schien in einer unsäglichen Umarmung zu verschmelzen.

Ein Kuss ist etwas mehr als der erstbeste sinnliche Kontakt zweier Körper; es ist der Hauch zweier verliebter Seelen.

Aber ein verbrecherischer Kuss, gegen den man sich lange gewehrt und gegen den man angekämpft hat, nach dem man sich also lange gesehnt hat, geht über das hinaus; er ist von so überreifer Süße wie eine verbotene Frucht, er ist eine glühende Kohle auf den Lippen; ein Brandeisen, das sich tief einbrennt und das Blut in geschmolzenes Blei verwandelt oder in sengendes Quecksilber.

Telenys Kuss war wirklich galvanisch, denn sein Wohlgeschmack war mehr als Gaumenreiz. War ein Schwur nötig, wenn wir uns in einem solchen Kuss aneinander hingegeben hatten? Ein Schwur ist ein Lippenversprechen, das gebrochen werden kann und auch oft gebrochen wird. Ein solcher Kuss aber lässt einen bis ans Grab nicht mehr los.

Während unsere Lippen sich aneinander vergruben, knöpfte seine Hand unmerklich meine Hose auf und glitt heimlich in den Schlitz, jedes Hindernis instinktiv beiseite schieben; dann schloss sie sich fest um meinen harten, steifen, schmerzenden Phallus, der glühte wie eine brennende Kohle. (...)

Manche Menschen sind, wie wir alle wissen, magnetischer als andere. Mehr noch, während einige uns anziehen, stoßen andere uns ab. Teleny hatte - für mich wenigstens - ein geschmeidiges, mesmerisches, lusteinflößendes Fluidum in den Fingern. Ja, schon die einfache Berührung seiner Hand erregte mich bis zur Verzückung.

Unsere Finger bewegten die Haut des Penis kaum; aber unsere Nerven waren so angespannt, unsere Erregung war in solche Höhen geklettert und die Samenleiter so voll, dass wir fühlten, wie sie überflossen. Einen Wimpernschlag lang gab es einen intensiven Schmerz, irgendwo um die Wurzel des Penis herum - oder eher mitten im Kern und Zentrum der Nieren, und danach begann der Saft des Lebens langsam, langsam aus dem Inneren der Samendrüsen zu kommen: er stieg durch die enge

157

»Charlie Mitchell«, 1909. Aquarell des britischen Malers Henry Scott Tuke, einer der Pioniere auf dem Gebiet der homosexuellen Kunst.

Säule der Harnröhre auf, etwa wie Quecksilber in einem Thermo-
meter - oder vielmehr wie die siedende, brodelnde Lava im
Krater eines Vulkans.

Endlich erreichte er den Gipfel; da ging der kleine Schlitz
klaffend auf, die winzigen Lippen teilten sich und die perlig
sahnige, klebrige Flüssigkeit sickerte heraus - nicht alles auf
einmal mit einem spritzenden Schuss, sondern in Intervallen und
in großen, heißen Tränen.

»Jüngling, hold, o sprich,
Was streifst du seufzend hier, das Aug so trübe,
Durch diese schöne Flur? Ich frage dich,
Wie ist dein Name?« Drauf er sagte: »Liebe.«
Da fuhr der erste gleich herum: »O nein,
der lügt«, rief er, »denn jener ist die Schmach,
Und ich bin Liebe, dieses Reich ist mein!
Der stahl des Nachts sich heimlich ein«, er sprach.
Nur ich, die wahre Liebe kann entflammen
Des Jünglings Herz, dass für ein Weib es brennt.«
Der andre drauf: »So sei´s in Gottes Namen,
ich bin die Lieb, die keinen Namen nennt.«

Aus »Zwei Lieben« von Lord Alfred Douglas,
Freund und Liebhaber Wildes.

Zichy beobachtete Frauen nicht nur als Künstler, sondern auch als Menschenkenner und Anatom, über Jahre hat er tausende Skizzen vom Geschlechtsakt gemacht, die er immer wieder vernichtete, weil sie nicht der vollendete Ausdruck dessen waren, was ihm vorschwebte. Er wollte völlige, restlose Hingabe darstellen. Zyklus »Liebe«, Blatt 6.

6.

Auf den Schwingen der Liebe

Wir haben eine Flamme ins Sein gefickt.
Sogar die Blumen sind ins Sein gefickt
von der Sonne und der Erde.

D. H. Lawrence
aus »Lady Chatterley«

Sexualität im 19. Jahrhundert war eine zwiespältige Sache, einerseits verbannten die Kuratoren erotische Bücher und Bilder in ihre Giftschränke. Andererseits fand eine spannende Gegenbewegung statt: In der Literatur wurde die Erotik eingegliedert als ein Thema unter vielen anderen, so dass die körperliche Liebe heute auch ohne Tabubrüche beschrieben werden kann.

Lady Chatterley von D. H. Lawrence stammt aus der nachviktorianischen Zeit, als sittsame Frauen noch keine sexuellen Bedürfnisse kennen. Der große Liebesroman gilt als eines der ersten Werke der Weltliteratur, in dem menschliche Sexualität seriös und gleichzeitig detailliert und ausdrücklich dargestellt wird. Im Vorwort zur 1928 in Paris erschienenen Ausgabe schrieb Lawrence, er wolle mit seinem Buch bewirken, dass »Männer und Frauen Sexualität rückhaltlos offen, ehrlich und anständig betrachten können. Auch wenn wir unsere Sexualität nicht zu unserer vollkommenen Zufriedenheit ausleben können, sollte zumindest unser Denken erotisch, offen und klar sein.«

Lady Chatterley ist die Geschichte Connies, die über Zwänge der Gesellschaft sowie über eigene innere Hemmnisse hinauswächst und bei Mellors, dem Wildhüter ihres kriegsversehrten Mannes, Liebe und Erfüllung findet.

»Ich musste kommen und die Küken sehen!« sagte sie atemlos und streifte den Heger mit einem scheuen Blick, fast ohne ihn zu beachten, »sind wieder welche ausgekrochen?«

»Sechsunddreißig bis jetzt«, erwiderte er, »nicht schlecht.« Auch er hatte sonderbare Freude daran, die kleinen Dinger ausschlüpfen zu sehen.

Connie kauerte sich vor dem letzten Käfig nieder. Die drei Küken waren hineingelaufen. Aber ihre frechen Köpfchen lugten noch spitz unter dem gelben Gefieder hervor, zogen sich zurück, und dann äugte nur noch ein einziger kleiner Perlkopf unter dem schweren Mutterleib hervor.

»Ich würde sie so gern streicheln«, sagte sie und schob behutsam die Hand durch die Stäbe des Käfigs. Doch die Mutter hackte wütend nach ihrer Hand, und Connie fuhr ängstlich erschrocken zurück.

»Wie sie nach mir hackt! Sie hasst mich!« sagte sie verwundert. »Ich wollte ihnen doch nichts tun.«

Der Mann stand über sie gebeugt; er lachte und hockte sich neben sie, mit gespreizten Knien, und ruhig und vertrauenerweckend schob er die Hand langsam in den Käfig hinein. Die alte Henne pickte zwar nach ihm, aber nicht so wild. Und sacht, sacht, mit sicheren, sanften Fingern, tastete er zwischen die Federn des alten Vogels und zog in der geschlossenen Hand ein leise piepsendes Küken hervor.

»Da!« sagte er und hielt ihr seine Hand hin. Sie nahm das kleine gelbbräunliche Ding in ihre Hände, und da stand es auf seinen unsagbar kleinen, staksigen Beinen, und die Winzigkeit balancierenden Lebens pulste durch die fast schwerelosen Füße in Connies Hände hinüber. Doch es hob kühn seinen hübschen, klargeformten kleinen Kopf und sah wachsam umher und stieß ein kleines »Piep« aus.

»So süß! So ohne jede Angst!« sagte sie weich.

Der Heger hockte neben ihr, und auch er beobachtete amüsiert den kühnen kleinen Vogel in ihren Händen. Plötzlich sah er, wie eine Träne auf ihr Handgelenk niederfiel.

Und er stand auf, wandte sich ab und ging zum andern Käfig hinüber. Denn jäh wurde er sich der alten Flamme bewusst - sie schoss und züngelte in seinen Lenden empor, die Flamme, von der er gehofft hatte, sie sei jetzt still für alle Zeit. Er wehrte sich, er wandte der Frau den Rücken. Doch die Flamme züngelte, züngelte abwärts, kreiste in seinen Knien.

Er kehrte sich ihr wieder zu und sah sie an. Sie kniete und

*streckte langsam, blind ihre Hände aus, damit das Küken wieder
zur Mutter hineinschlüpfen könne. Und es war etwas so Stilles
und Einsames um sie, dass sein Innerstes brannte vor Mitleid.
Ohne es zu wissen, ging er schnell zu ihr hin, kniete sich wieder
neben sie und nahm ihr das Küken aus der Hand, weil sie Angst
vor der Henne hatte, und setzte es in den Käfig zurück. Das
Feuer tief in seinen Lenden flammte plötzlich heftiger.*

*Besorgt sah er sie an. Ihr Gesicht war abgewandt, und sie
weinte blind in all der Qual der Verlorenheit ihrer Generation.
Sein Herz schmolz plötzlich wie ein Tropfen im Feuer, und er
streckte die Hand aus und legte sie auf ihr Knie.*

»Sie dürfen nicht weinen«, sagte er weich.

*Doch sie schlug die Hände vors Gesicht, und ihr war, als sei
wirklich ihr Herz gebrochen, und alles war jetzt gleichgültig.*

*Er legte ihr die Hand auf die Schulter, und sanft, zärtlich
wanderte sie die Wölbung ihres Rückens hinab, blind, mit blind
streichelnder Bewegung, hinab bis zur Beuge ihrer kauernden
Hüften. Und seine Hand strich weich, sanft über die geschwun-
gene Linie, in blinder, instinktiver Liebkosung.*

*Sie hatte ihr winziges Taschentuch hervorgezogen und ver-
suchte, blind vor Tränen, ihr Gesicht zu trocknen.*

*»Kommen Sie mit in die Hütte«, sagte er mit ruhiger, aus-
druckloser Stimme.*

*Und sanft schloss er die Hand um ihren Oberarm, zog sie hoch
und führte sie langsam zur Hütte, ließ sie nicht los, bis sie drinnen waren. Dann schob er den Stuhl und den Tisch beiseite,
nahm eine braune Militärdecke vom Werkzeugkasten und breitete
sie langsam auf den Boden. Sie sah in sein Gesicht, während
sie reglos dastand.*

*Sein Gesicht war bleich und ohne Ausdruck – wie das eines
Menschen, der sich dem Schicksal ergibt.*

»Legen Sie sich hin«, sagte er weich, und er schloss die Tür, so

dass es dunkel war, ganz dunkel.

Mit seltsamem Gehorsam legte sie sich auf die Decke nieder. Und dann spürte sie, wie die sanfte, streichelnde, hilflos sehnsüchtige Hand ihren Körper berührte, nach ihrem Gesicht tastete. Weich streichelte die Hand ihr Gesicht, weich und unendlich lindernd und vertrauenerweckend, und dann spürte sie die sanfte Berührung eines Kusses auf ihrer Wange.

Sie lag ganz still, wie in einem Schlaf, einem Traum. Dann erschauerte sie: sie fühlte, wie seine Hand sanft, doch mit seltsam widerstrebender Unbeholfenheit über ihr Kleid tastete. Aber die Hand wusste, wie sie die Kleider lösen könne, wo immer sie wollte. Langsam, behutsam zog er die dünne seidene Hülle herab, ganz herab, und streifte sie ihr über die Füße. Und mit einem Schauer unvergleichlichen Genusses berührte er den warmen, weichen Leib und streifte ihren Nabel in einem hingehauchten Kuss. Und er musste sogleich zu ihr kommen, eingehen in den

Frieden auf Erden ihres weichen, stillen Leibes. Es war ein Augenblick reinen Friedens für ihn, dies Eindringen in den Leib einer Frau.

Sie lag still, wie im Schlaf, die ganze Zeit wie im Schlaf. Tätig war nur er, der Orgasmus gehörte ihm, nur ihm; sie vermochte nicht länger für sich darum zu ringen. Selbst die fest sie umspannenden Arme, selbst die heftige Bewegung seines Leibes und seinen quellenden Samen in ihr empfand sie wie in einem Schlaf, aus dem sie nicht eher erwachte, als bis er geendet hatte und leise keuchend an ihrer Brust lag.

Dann fragte sie sich, fragte sich nur benommen: warum? Warum war dies notwendig? Warum hatte es eine schwere Wolke von ihr genommen und ihr Frieden gegeben? War es Wirklichkeit? War es Wirklichkeit?

Ihr gequältes Hirn hatte noch keine Ruhe. War es Wirklichkeit? Und sie wusste, wenn sie sich dem Mann hingab, dann war es Wirklichkeit. Doch wenn sie sich zurückhielt, bei sich selbst blieb, dann war es nichts. Sie war alt; Millionen Jahre alt, so schien es ihr. Und endlich vermochte sie die Bürde ihrer selbst nicht länger zu tragen. Sie war da, um genommen zu werden. Da für den, der sie nahm.

Der Mann lag in geheimnisvollem Schweigen. Was empfand er? Was dachte er? Sie wusste es nicht. Er war ein Fremder für sie, sie kannte ihn nicht. Sie konnte nur warten, denn sie wagte nicht, seine geheimnisvolle Stille zu durchbrechen. Er lag da, die Arme um sie geschlungen, seinen Leib an dem ihren, mit seinem nassen Leib den ihren berührend, so eng. Und vollkommen fremd. Doch ganz friedvoll. Allein sein Schweigen war voll Friede.

Sie wusste das, als er sich schließlich von ihr aufhob und sich abwandte. Es war, als verlasse er sie. Er zog ihr im Dunkel das Kleid über die Knie und stand ein paar Augenblicke lang –

166

anscheinend war er mit seinen eigenen Kleidern beschäftigt. Dann öffnete er ruhig die Tür und ging hinaus.

Sie sah einen schimmernden kleinen Mond über dem Abendrot hinter den Eichen stehen. Schnell erhob sie sich und machte sich zurecht; dann war alles in Ordnung. Sie ging zur Hüttentür. Der tieferliegende Teil des Waldes lag im Schatten, fast verdunkelt. Der Himmel oben aber war kristallen. Er gab kaum noch Licht. Der Mann kam durch die unten lagernden Schatten auf sie zu, sein Gesicht hob sich ihr wie ein bleicher Fleck entgegen.

»Wollen wir dann gehen?« sagte er.

»Wohin?«

»Ich bring Sie bis zum Tor.«

Er richtete alles auf seine Art ein. Er verriegelte die Hüttentür und kam ihr nach.

»Es tut Ihnen nicht leid, nicht wahr?« fragte er, als er neben ihr her ging.

»Nein; nein! Ihnen?« entgegnete sie.

»Das? Nein!« - Nach einer Weile setzte er hinzu: »Aber all das andere.«

»Welches andere?« fragte sie.

»Sir Clifford. Die anderen. All die Komplikationen.«

»Wieso Komplikationen?« fragte sie enttäuscht.

»Es ist immer so. Für Sie ebenso wie für mich. Es gibt immer Komplikationen.« Beharrlich schritt er fort durch das Dunkel.

»Und bereuen Sie es?« fragte sie.

»In einer Weise«, erwiderte er und sah zum Himmel. »Ich dachte, ich hätte das alles hinter mir. Nun habe ich wieder angefangen.«

»Angefangen – was?«

»Das Leben.«

»Das Leben?« echote sie mit seltsamem Erschauern.

167

Was Leben bedeuten kann, beginnt Connie erst wirklich zu begreifen, als sie mit Mellors den ersten gemeinsamen Höhepunkt erlebt: *»Dann, als er begann, sich zu bewegen, im jähen, hilflosen Orgasmus, wellten neue, seltsame Schauer in ihr auf. Wellten wellend, wellend, wie flatterndes Übereinanderzüngeln sanfter Flammen, sanft wie Federn, liefen aus in hellleuchtende Spitzen, herrlich, süß und alles in ihr schmolz, zerfloss. Wie Glocken war es, die schwangen, immer höher schwangen, empor zum Gipfel.«*

Ähnlich aufrichtig und zartfühlend hat schon Fanny Hill die Liebe erfahren, auch wenn die Geschichte im Sündenpfuhl der Großstadt spielt, am Ende siegt die wahre Liebe und sie findet ihr Glück in der innigen Verbindung mit Karl.

Sobald wir in dem Zimmer allein waren, rührte mich die beim Anblick des Betts aufsteigende Erinnerung an unsre ersten Freuden. Und der Gedanke, dass ich ihrer in diesem Augenblicke durch den teuren Besitzer meiner ersten Liebe wieder teilhaftig werden würde, ergriff mich so sehr, dass ich mich an ihn lehnen musste, um nicht unter der süßen Verwirrung erneut hinzusinken. Karl sah sie und vergaß seine eigene, um die meinige zu beheben.

Jetzt hatte mich die wahre, veredelte Leidenschaft mit dem ganzen Gefolge ihrer Anzeichen eingenommen. Eine süße Empfindlichkeit, eine zärtliche Furchtsamkeit, liebeskranke Begierden, gemischt mit Misstrauen und Schamhaftigkeit, alles hielt meine Seele in einem gewissen Zwang, der mir unendlich teurer war als jene Freiheit des Herzens, die ich lange, zu lange im Verlaufe grober Galanterien beibehalten hatte und über die mein Bewusstsein mich jetzt in tugendhafter Verwirrung und Reue seufzen ließ. Kein wirklich unschuldiges Mädchen kann beim Anblick des ehelichen Bettes mehr über ihre unbefleckte Tugend erröten, als ich es tat in dem Gefühl meiner Schuld. Und wahrlich, ich liebte Karl zu zärtlich, um nicht innigst zu fühlen, dass ich ihn nicht verdiente.

Als ich so unschlüssig, und in der Verwirrung dieser Überlegungen dastand, nahm Karl sich die Mühe, mich mit liebevoller Ungeduld auszukleiden. Alles, dessen ich mich unter dieser Verwirrung und in dem Gewühl von Empfindungen erinnern kann, waren einige Ausrufe der Freude und Bewunderung, besonders, als er meine Brust fühlte, die zitternd und klopfend seiner sanften Berührung entgegenschwoll und ihm das willkommene Vergnügen bot, sie wohlgeformt und noch ebenso fest wiederzufinden.

Ich war bald zu Bette gebracht und durfte kaum einen Augenblick sehnsuchtsvoll nach dem Liebling meines Herzens ausschauen, als er schon ausgekleidet unter der Decke war, seine Arme um mich schlang und den Kuss des Willkommens mit so unaussprechlicher Innigkeit gab und nahm, dass mein Herz mir auf die Lippen stieg und ihm mit den feinen und wollüstigen Bewegungen entgegenhüpfte, die allein Karl in mir erwecken konnte (...)

Ich habe, glaube ich, schon irgendwo bemerkt, dass das Gefühl des Lieblingsteils der Mannheit etwas in seiner Natur unnachahmlich Rührendes hat. Nichts kann uns teurer sein, nichts eine herrlichere Empfindung geben! Denken Sie nur, denken Sie es als eine Liebende, wie groß die ganze Entzückung dieses schnellsten unserer Sinne in seinem Mittelpunkt sein musste, als er sich nach einer so langen Entbehrung da wieder entflammt fühlte unter dem sanften Drucke des Gliedes, das uns alle beherrscht.

Jetzt, in dem höchsten Grade seiner Steifigkeit, fühlte ich es als etwas so Unterjochendes, so Tätiges, so Solides und Angenehmes, dass ich nicht weiß, wie ich diesen Eindruck nennen soll; aber das Bewusstsein, dass es meinem geliebtesten Jüngling an-

169

Gustav Klimt (1862 - 1918).

gehörte, vermittelte mir eine so leidenschaftliche Erschütterung und wirkte so stark auf meine Seele, dass sie alle ihre Lebensgeister nach dem Mittelpunkt der Wonne herabsandte, der ihr besonders geweiht ist. Sie brannten in diesem Punkte wie Sonnenstrahlen im Brennglase mit der äußersten Hitze, zu einer solchen Stärke waren die Springfedern des Vergnügens aufgewunden!

Ich zitterte mit so heißem Durste nach dem nahen Genusse, dass ich krank war vor Begierde und unfähig, die Verbindung zweier Ideen auszuhalten, die mich wonnevoll zerstreuten! Denn alle meine Gedanken waren, dass ich jetzt zugleich unter der Berührung des Werkzeugs des Vergnügens und des großen Siegels der Liebe lag – Ideen, die in vermischten Strömen, einen solchen Ozean berauschender Seligkeit über mich schwaches Geschöpf ergossen, dass ich dalag, überwältigt, verschlungen,

170

verloren in einem Abgrund von Freude und sterbend vor unmäßiger Wonne.

Karl zog mich jetzt unter Küssen etwas aus diesem ekstatischen Zustand durch sanfte Klagen über meine Stellung, die nicht ganz nach seinen Wünschen war. Aber wie süß, den Fehler zu verbessern! Den Dringlichkeiten der Natur und der Liebe gehorsam, spreizten sich meine Lenden auseinander und gaben auf dem sanften Wege des Einganges zum Vergnügen willig nach: Ich sah! Ich fühlte! Die köstliche Samtspitze! -

Sie drang ein, mächtig und voll – oh –, meine Feder fällt mir aus der Hand in der Ekstase, in die mich mein treues Gedächtnis versetzt! Die Darstellungskraft verlässt mich und gibt eine Bemühung auf, die ihre Kraft übersteigt. Ich aber gab ihm eine Flamme der süßesten, edelsten aller Empfindungen, die den hereinziehenden Stolzen segneten und begleiteten, bis er am Ende seines Eindringens war und aus meinen Augen die Funken des Liebesfeuers, das mich in jeder Ader durchlief, in jeder Pore brannte, herausjagte – eine Mischung alle Teile meines Körpers durchpulsender Freuden.

Jetzt hatte ich den Pfeil der Liebe von der Spitze bis an seine Feder eingenommen, da wo ihn die Lippen der Natur, die ihren ersten Pulsschlag diesem teuren Werkzeug verdanken, in gierigem Ansaugen, gleichsam aus Dankbarkeit, umschlossen, während alle inneren Teile ihn liebevoll mit warmer Begierde und zusammenziehender Tätigkeit umarmten und aufs zärtlichste willkommen hießen, als sich jede Fiber eng herumlegte und ehrgeizig strebte, an seiner wonnevollen Berührung teilzunehmen.

Nachdem wir so einige Augenblicke im süßen Verweilen des Genusses unserer Sinne auf dem höchsten Punkte der Vereinigung gelegen hatten und gleichsam an der Knospe des Genusses sogen, trieb uns die dem Vergnügen natürliche Ungeduld bald wieder zur Handlung.

Hier ist die weibliche Gestalt,
Ein göttlicher Schimmer strömt aus ihr, vom Kopf bis zu den Füßen,
Sie besitzt eine heftige, unwiderstehliche Anziehungskraft,
Ihr Atem zieht mich an, als wäre ich ein willenloser Nebel,
alles versinkt, ausgenommen mein Ich und sie.

Walt Whitman

Da aber fingen der treibende Tumult von seiner und die entsprechenden Hebungen von meiner Seite an. Als unsere Freuden für die Sprache zu mächtig wurden, dienten die Werkzeuge der Sprache in wollüstiger Vereinigung als Organe des Gefühls!

Und welch Gefühl, wie köstlich, wie durchdringend wollüstig! Und nun! Nun!

Ich fühlte, bis in mein Herz, ich fühlte die schreckliche Spitze, mit der die Liebe, herrschend über diese Handlung, das Vergnügen auszeichnet. Liebe! Mit Recht das attische Salz des Genusses zu nennen. In der Tat, die Freude, so groß sie auch sein mag, ist ohne Liebe immer nur niedrig und gemein, sei es beim König oder beim Bettler; denn unstreitig ist es nur die Liebe, die verfeinert, veredelt und erhöht.

Zeichnungen: Gustav Klimt.

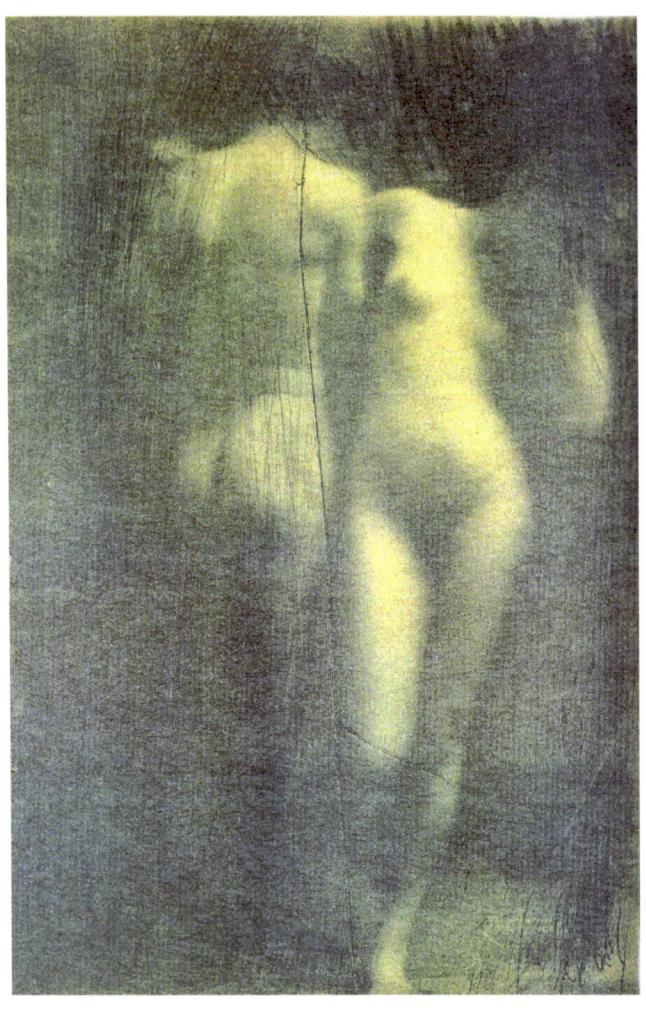

»Adam und Eva« aus den Anfängen der Aktfotografie.
Selbst dieser verschwommene, hochästhetische Paarakt, aufgenommen von
Frank Eugene Ende des 19. Jahrhunderts, rief fast die Zensur auf den Plan.

Wilde Fühlfäden, unbändige Blitze zucken hervor,
die Gegenwirkung ist gleichfalls unbezwinglich,
Haare, Busen, Hüften, die Biegung der Beine, lässig hinsinkende
Hände, ganz aufgelöst, meine Glieder auch,
Ebbe, angestachelt von der Flut, und Flut, angehalten von der
Ebbe, Liebesfleisch, schwellend und köstlich schmerzdurchbebt,
Unermesslich klare Strahlen der Liebe, heiß und ungeheuer,
zuckender Gallert der Liebe, Gischt und Saft der Raserei!
Bräutliche Nacht der Liebe, sicher und sanft eindringend bis in den
erschlafften Tag,
(…)
Die Stimme, Sprache, Geflüster, lautes Rufen,
Das Wiegen des Oberleibes auf den Hüften, Springen, Biegen,
Umarmen, Armbeugen und Spannen,
Der beständige Wechsel in den Linien des Mundes und um die
Augen,
Die Haut, Sonnengebräuntheit, Sommersprossen,
Die merkwürdige Hinneigung, die man spürt, wenn man mit der
Hand das nackte Fleisch betastet,
Die Schönheit der Taille und weiter abwärts der Hüften und Knie,
Die flüssigen roten Säfte in dir oder mir, die Knochen und das
Mark in den Knochen,
Das köstliche Gefühl der Gesundheit!
O ich sage, dies sind nicht allein Teile und Gedichte des Leibes,
sondern der Seele,
O jetzt sage ich: diese sind die Seele!

Walt Whitman
aus »Kinder Adams«, 1855

175

Walt Whitman war einer der ersten Amerikaner, die offen über Sex schrieben und wurde dafür vehement kritisiert. Zu Lebzeiten war er ein Außenseiter und Sonderling. Heute gilt er als Mitbegründer der modernen amerikanischen Lyrik. In seinem Gedicht-Zyklus *Kinder Adams* feiert er die Verschmelzung von Mann und Frau. Es geht um Entgrenzung, Intensität und die immer wieder neue Entdeckung der inneren Freiheit. 1855 brachte Whitman die erste Ausgabe der *Leaves of Grass* heraus, über vier Jahrzehnte hat er an diesem prophetisch anmutenden Gesang geschrieben und ihn immer wieder ergänzt und verbessert. Whitman, Frank Harris, D. H. Lawrence, Oscar Wilde, sie alle waren Wegbereiter einer neuen Ära. Sicher war die Zeit reif für ein offeneres Verhältnis zur Sexualität. Vor allem aber für eine verantwortlichere Definition des Begriffs *Liebe*.

Frank Harris empfahl seinen unbedarften Freundinnen immer wieder die Dusche unmittelbar nach dem Geschlechtsverkehr. Interessanter war der Vorschlag von John Humphrey Noyes, Gründer der Oneida-Kommune in Madison County, USA. Er plädierte für das innige Ineinandersein der *Karezza*, eine sexuelle Praktik, deren Ziel jedoch nicht der Orgasmus war. Der Mann sollte bewusst und willentlich auf den Samenerguss verzichten. Die seelische Vereinigung der Partner trat damit in den Vordergrund gegenüber der Befriedigung körperlichen Verlangens. Der Schriftsteller Aldous Huxley, selber von Noyes Ideen angetan, schildert die Gemeinschaft so: *»Die Oneida-Gemeinde* bestand dreißig Jahre lang, und nach allem, was man hört, waren ihre Mitglieder vorbildliche Bürger, ungewöhnlich glücklich und wesentlich weniger neurotisch als das Gros ihrer viktorianischen Zeitgenossen. Den Frauen von Oneida war das erspart geblieben, was eine von Noyes' Briefpartnerinnen beschrieb als ‚die Erbärmlichkeit des Ehelebens, wie es allgemein in der Welt im Schwange ist‘. Die Männer sahen ihre Selbstverleugnung*

*Die Oneida-Community bestand von 1848 bis 1881.

Liebende, die zur Einheit verschmelzen, eines der berühmtesten Werke des brasilianischen Künstlers Ismael Nery. Anfang 20. Jh.

durch eine physische und spirituelle Erfahrung belohnt, die tiefer und kostbarer war als die der zügellosen Sexualität.«
Auch Frank Harris kam schon früh zu dem Schluss: In der Beherrschung zeigt sich erst der Meister. Seinen kostbaren Liebessaft wollte er nur noch verschenken, wenn er wirklich Zuneigung empfand, besser nur dann, wenn er sehr verliebt sein würde. Im Grunde war er ein Romantiker und hoffnungsloser Idealist mit einer fast religiösen Einstellung zum Sex. *»Der sexuelle Instinkt ist nicht nur die inspirierende Macht für alle*

Kunst und Literatur, er lehrt uns auch wie nichts anderes Güte und Sanftmut, er erhebt die Liebeszärtlichkeit zu einem Ideal und bekämpft somit Grausamkeit und Härte und irriges Urteil über unsere Mitmenschen, das wir Gerechtigkeit nennen.«

In Bezug auf den Körper hielt er es mit den alten Griechen, mit Eros und Aphrodite und den »sauberen menschlichen Zügen der alten Religion«. *»Ich behaupte der Körper ist schön und muss, indem wir ihm mehr Ehrerbietung erweisen, auf eine höhere Ebene erhoben und gewürdigt werden (...) und ich liebe die Seele und ihren Hauch. Für mich sind Körper und Seele von gleicher Schönheit und beide für die Liebe und deren Anbetung geschaffen.«*

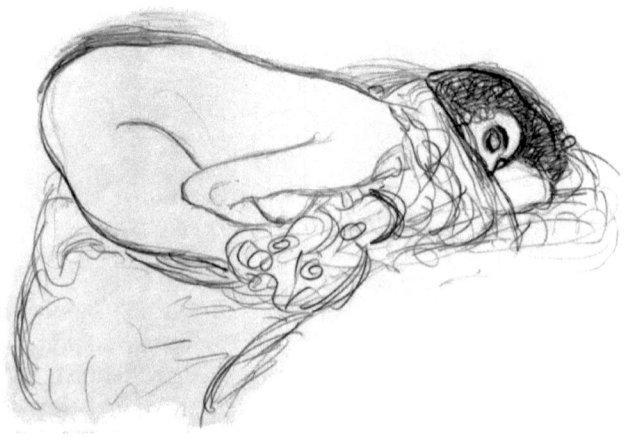

Gustav Klimt (1862 - 1918) beschwor wie kein zweiter Maler ein neues Frauenbild, das den Aufbruch ins 20. Jahrhundert markierte. Er hinterließ eine Fülle erotischer Zeichnungen voller Sinnlichkeit und Ekstase.

Dass Liebe und Schönheit einer Quelle entspringen, erfahren wir auch bei Lawrence. Er vollzieht mit uns eine Art literarische Karezza. Geduldig müssen wir Lady Chatterley einen langen Weg begleiten, bis sie sich hier mit Haut und Haaren dem überwältigenden Schönheitstaumel hingeben kann.

»Es war so gut!« stöhnte sie. »Es war so gut!« Doch er sagte nichts, küsste sie nur sanft und lag still über ihr. Und sie stöhnte vor Seligkeit, als ein Opfer, als ein neugeborenes Wesen. Und ihr Herz war jetzt wach geworden für das seltsame Wunder seines Wesens. Ein Mann! Die unerforschte Gewalt des Männlichen über ihr! Ihre Hände irrten über seinen Körper, noch immer ein wenig erschreckt. Erschreckt von dem fremden, feindlichen, ein wenig abstoßenden Geschöpf, das er für sie gewesen war - ein Mann. Und jetzt berührte sie ihn, und es waren die Söhne Gottes mit den Töchtern der Menschen. Wie schön er sich anfühlte, wie rein im Gewebe! Wie herrlich, wie gut, wie stark und doch wie rein und zart - diese Stille des empfindenden Leibes! Diese vollkommene Stille von Kraft und zartem Fleisch! Wie schön! Wie schön! Zaghaft glitten ihre Hände seinen Rücken hinab, hin zu den sanftgeschwungenen, kleinen Hügeln seines Hintern. Schönheit! Welche Schönheit! Eine jähe kleine Flamme neuen Erkennens durchzuckte sie. Wie konnte es sein, dass so viel Schönheit hier war, hier, wo sie sich zuvor so abgestoßen fühlte? Die unaussprechliche Schönheit, die in der Berührung des warmen, lebendigen Hintern lag! Das Leben im Leben, die reine, warme, kraftvolle Schönheit! Und das seltsame Gewicht der Kugeln zwischen seinen Beinen! Welch ein Mysterium! Welch seltsames, schweres Gewicht dieses Mysteriums, das weich und schwer in ihrer Hand ruhen konnte! Die Wurzel – die Wurzel all dessen, was gut und herrlich ist, die uranfängliche Wurzel aller Schönheit.

179

Sie klammerte sich an ihn und stieß einen Laut des Staunens aus, in dem Demut und Schrecken war. Er hielt sie eng an sich gepresst, sagte aber nichts. Er würde niemals etwas sagen. Sie drängte sich näher zu ihm hin, näher, nur um dem sinnlichen Wunder nah zu sein, das in ihm lag. Und sie spürte, wie aus seiner vollkommen unfassbaren Stille langsam, zwingend, anschwellend sein Phallus aufstieg, die andere Macht. Und ihr Herz verging in demütiger Scheu.

Und diesmal, als er in sie einging, war es nur sanft und irisierend, rein und sanft und irisierend – so, wie kein Bewusstsein es zu erfassen vermochte. Ihr ganzes Sein erschauerte unbewusst und pulsend wie Plasma. Sie kam nicht darauf, was es war. Sie konnte sich nicht erinnern, was es gewesen war. Nur, dass es herrlicher und süßer gewesen war als alles, was es gab. Nur das. Und hinterher war sie ganz still, ganz ohne Gedanken – sie wusste nicht, wie lange. Und er war mit ihr still, lag neben ihr im selben unauslotbaren Schweigen. Und davon würden sie niemals sprechen.

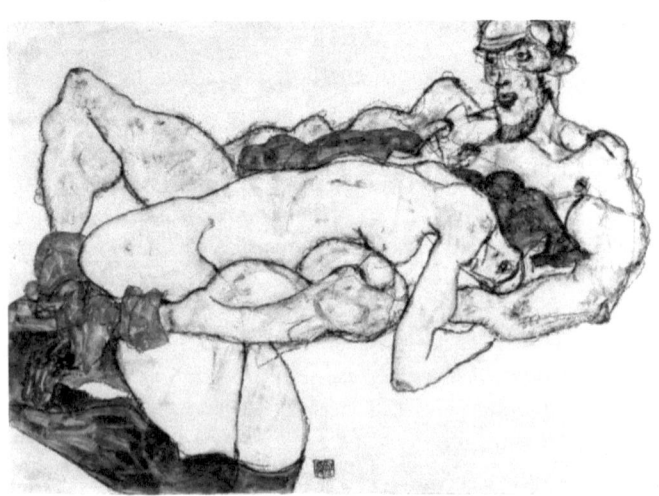

Egon Schiele: Liebespaar, 1913.

Das Ende des Millenniums mit der Entwicklung der neuen Medien hat uns eine Fülle erotischer Literatur beschert. Weibliches Empfinden wird längst nicht mehr durch die Brille der Männer beschrieben. Ob lasterhaft-schrill oder in sanfteren Tönen, Frauenstimmen verschaffen sich jetzt eigenständig Gehör.

»Du musst verrückt sein«, war Ellis Kommentar gewesen, und ich konnte es ihr nicht verübeln. Wer tritt schon solch eine Reise nur wegen ein paar blauer Augen an. Aber ihre Spitzen ließ ich nicht auf ihm sitzen. Er entsprach zwar keinem gängigen Ideal, aber er sah gut aus. Für mich sah er gut aus. - Außerdem findet Erotik im Kopf statt.

Als er die Restauranttür öffnete, war soviel in meinem Kopf los, dass dafür gar kein Platz war. Die Ruhe, - wie er die Zigarettenschachtel öffnete, das Papier langsam zerknüllte. Damals machte sie mich noch nervös. Als er mir eine Zigarette anbot, tauchte ich vorsichtig in den tiefblauen Ozean. Bei dieser ersten Begegnung fühlte ich mich wie eine Schatzsucherin, die die Kombination für das Schloss sucht, noch bevor sie wusste, wo die Truhe lag.

Was sollte ich erwarten? Ich kam hier angeschneit mit einem Minimum an Information, aus dem meine Fantasie gesponnen war. Wäre da nicht dieser Blick gewesen. - Ja, die Augen. Es waren die Augen. Von Anfang an waren es die Augen gewesen. Ich konnte es mir nicht erklären. Sie waren unglaublich vertraut. An unser Gespräch kann ich mich nicht mehr erinnern, aber an die Pausen. Ich fürchtete, er könnte mein Herz klopfen hören.

Wir trafen uns häufig. Meistens kurz. Lange genug, um meiner Fantasie neue Nahrung zu geben.

Bei ihm dachte ich oft ans Wasser. Mir war, als wandelte ich mich durch ihn zum Meereswesen. Er machte mich zur Undine,

lehrte mich, Widerständen mit Eleganz zu begegnen. Es ge-
schah ohne Eile. Ich mochte die Ruhe. Ich mochte sein Lachen.
Die Augen liebte ich von Mal zu Mal mehr. Und eigentlich war
es aufregend, sein Geheimnis am Grund nur durchschimmern
zu sehen.

An einem Morgen holte er mich ab.

»Nun, wohin entführst du mich?«

»Lass dich überraschen . . . «

Während der Fahrt sprachen wir kaum und ich genoss es, dass
Schweigen so angenehm sein konnte. Oben auf dem flimmernden
Lavaplateau hielt er so, dass wir auf Meer und Berge blickten.

»Schau, drüben liegt Südamerika. Es war früher der Weg in
die neue Welt. Und was dort rausschaut, ist die Deseada.«

»Deseada?- «

»Ja. Die Erwünschte. Sieh sie dir genau an.«

Seine Hände zeichneten die Form nach.

Dann fragte er:

»- Befriedigst du dich eigentlich gerne selbst?«

Meine Antwort war »Ja«, und ich wunderte mich, wie klar
und direkt es kam. Der kurze Moment, den er mich danach an-
schaute, erinnerte mich wieder an das Foto. Elli hatte es vor
Monaten aufgenommen, ohne auch nur zu ahnen, damit den
ersten Strang geknüpft zu haben. Im Moment befand ich mich in
Schwindel erregender Höhe, spürte das wankende Hänge-
geflecht unter den Füßen und war froh, nicht zu wissen, wo es
hinführte.

Es war verrückt. Alles verrückte, rückte von dem ab, was ich
bis dahin für meine Persönlichkeit gehalten hatte. Es geschah
in dem Moment, als ich meine nackten Füße ans Armaturen-
brett legte.

Ich beobachtete mich dabei, beobachtete, wie diese Frau, die
ich selbst war, ihr Kleid nach oben schob. Ich beobachtete die

schlanken Hände, wie sie entschlossen den rasierten Hügel freilegten. Von der sonnengebräunten Haut hob sich das bloße Dreieck geradezu leuchtend ab. So strahlend, so hell, so ästhetisch, dass man es schön finden musste. Meine Hände streichelten die Innenseiten der Schenkel und ich dachte dabei an den Weg in die neue Welt. Was ich hier tat, war vielleicht nicht normal, - aber... Vielleicht war ich deshalb gekommen? ... Über die weiße Düne zum Meer. Und irgendwann würde ich eintauchen.

Ohne aufzuhören, schaute ich zu ihm hin.

Er lächelte und nickte wieder. Dann sagte er leise:

»Es ist schön. Ich mag es.«

Ich rutschte tiefer.

Den Kopf angelehnt, schloss ich die Augen und wusste, er schaute mir zu. Er schaute genau hin, wie meine Hand sich tiefer bewegte. Ich tat etwas, an das ich im Traum nicht gedacht hätte, nur weil er da war. Er war da und begleitete mich auf dem Weg zu verborgenen Schätzen. Meine Finger fanden die Perle, umrundeten sie sanft. Er würde nichts tun, würde mir weiter zusehen und warten. Wenn geschehen lassen auf jemanden passte, dann auf ihn.

Er wartete. Vielleicht erwartete er doch etwas? Vielleicht erwartete er . . . Sollte oder wollte ich?

Seine Hand legte sich warm auf meinen Schenkel. Ruhig und warm vertrieb sie den Dämon. Irgendwo aus dem Meer hörte ich ein Flüstern und atmete durch. Doch, es sollte sein, musste sogar so sein. Deshalb war ich gekommen. Als sich seine Hand behutsam löste, hielt ich sie fest.

»Bleib da!«

Meine rechte Hand bewegte sich weiter und während sie spielte, wurde ich leicht. Es puckerte. Ich legte die Hand auf die Muschel und lauschte. Das aufgeregte Puckern beruhigte sich,

wurde zu festerem, stetigem Pochen. Es pochte und pochte . . .
Der Puls zwischen den Schenkeln pochte mir bis in den Kopf.
Es hatte mit nichts zu tun, was ich kannte, war eher innere als
äußere Erregung. Es war schön.

Ich ließ meine Hand liegen, ließ mich treiben, lauschte dem
Meer und drückte seine Hand. Leise begann er zu sprechen. Ob
zu mir oder ihr? Sie verstand. Durstig sog sie die Worte ein.
Er bewunderte sie, gab ihr schöne Namen. Sie genoss. Jedes
Mal wenn er sagte, wie schön sie sei, seufzte sie auf. Sie genoss
und war glücklich. Dabei öffnete sie sachte ihre feuchten
Lippen, forderte: Weiter, noch mehr.

Die Verständigung zwischen ihm und ihr entzog sich meiner
Kontrolle. Und ich ließ sie machen. Einzige körperliche Ver-
bindung waren unsere Hände. Die eigentliche Berührung fand
woanders statt. Ich lauschte dem Puls, seinen Worten. Er
lauschte ihr. Ihm gefiel das Spiel mit den Worten. Ihm gefiel,
dass es ihr gefiel. Er wagte sich vor. So weit, dass sie vor
Schreck zusammenzuckte. Ich wusste nicht, was ich denken
sollte. Doch unter meiner Hand spürte ich das Jagen. Der Puls
überschlug sich beinahe. Er trieb an, suchte ein Ziel. In meinem
Kopf hämmerte es und ich tat nichts. Nichts als lauschen - dem
Puls und den Worten. Das Foto hatte es mir versprochen. Es
hatte mir schon damals davon erzählt. Seine Hand hielt ich fest.
Als er sich über mich beugte, öffnete ich die Augen und tauchte
in seinen klaren Ozean.

»Sprich weiter. Ich mag es - sogar die Worte, die gar nicht zu
dir passen.«

»Das weiß ich . . .«

«Dann sag sie nochmal.«

Und er sagte es wieder.
Ich beobachtete mich, beobachtete mich wie eine Außenstehen-
de. Ich war stolz die Hürde zu nehmen, war stolz geschehen zu

Zeichnungen wie diese voller Hingabe masturbierende junge Frau waren zu Klimts Zeiten nicht nur skandalträchtig, sie brachten ihm auch den Ruf des Pornografen ein, den er nie mehr loswurde. Dabei drücken gerade die Studien über weibliche Selbstliebe sein Verhältnis zu den Frauen aus, das von großer gegenseitiger Wertschätzung geprägt war. 1913.

lassen.

«Sags nochmal.»

Und er sagte es wieder. Er nannte sie hübsche Fotze, schöne Fotze, geile Fotze - nannte sie Fotze. Es klang wie ein magisches Wort. Es war ein Kompliment. Ich las es in den Augen, spürte es an der Hand und hörte es an der Stimme.

«Sags nochmal. Sags immer wieder. Ich will es hören.»

Ich wollte wirklich. Sie wollte auch.

Es war die perfekte Verständigung zwischen ihm und ihr. Sie reagierte von allein. Reagierte auf etwas, das ich mir genauso wenig erklären konnte, wie dieses Klopfen im Kopf. Meine Hand lag auf dem bloßen Hügel. Ich ließ geschehen und es geschah. Es geschah ohne Berührung. Über die weiße Düne zum Meer. Die Flut kam von weit her. Fast lautlos rollte sie an. Ich ließ es geschehen. Langsame rhythmische Wellen, deren Kräfte im Nichtbegreifbaren lagen. Ich lauschte den Hüterinnen des Ozeans, las es in seinen Augen.

Hauchfeiner Schleier der Ewigkeit.

Ich ließ mich tragen, ließ es fließen.

Es trug mich sachte, unendlich sachte.

Über die weiße Düne zu mir.

Danach schauten wir schweigend aufs Meer.

Eva Wittmann.
Es waren die Augen, 2004.

186

Egon Schiele. 1913.

Zu Wort gekommen sind:

Amaru (ca. 700), indischer Sanskrit-Dichter und großer Meister der erotischen Poesie. (S. 48)

Aristophanes (ca. 450 - 380 v. Chr.), einer der bedeutendsten griechischen Komödiendichter. (S. 26)

Athenaios (ca. 200), griechischer Schriftsteller aus Naukratis, berühmt für sein *Gastmahl der Gelehrten* nach dem Vorbild von Platons *Symposion*. (S. 25)

Boccaccio, Giovanni (1313 - 1375) italienischer Schriftsteller aus Florenz. Sein *Decamerone* entstand zwischen 1348 und 1353. (S. 70, 128)

Boyer, Jean-Baptiste, **Marquis d'Argens** (1703 - 1771), französischer Schriftsteller und Philosoph. Günstling des preußischen Königs Friedrich II. (S. 76)

Casanova, Giacomo Girolamo, **Chevalier de Seingalt** (1725 - 1798), italienischer Schriftsteller und Abenteurer aus Venedig. (S. 86, 94, 123, 124)

Chorier, Nicolas/ **Meursius** (1612 - 1692), französischer Jurist und Schriftsteller. (S. 23, 28)

Cleland, John (1709 - 1789), englischer Romanschriftsteller, verfasste 1748/ 1749 den Roman *Fanny Hill.* (S. 100, 133, 168)

Douglas, Alfred (1870 - 1945), britischer Dichter, Schriftsteller und Übersetzer, Liebhaber Oscar Wildes. (S. 159)

Elephantis, antike griechische Verfasserin eines verlorenen Werkes über Stellungen beim Liebesakt sowie medizinischen Traktaten über Verhütung. (S. 26)

Goethe, Johann Wolfgang von (1749 - 1832), deutscher Dichter und Naturforscher. Er gilt als einer der bedeutendsten Schöpfer deutschsprachiger Dichtung. (S. 105, 106, 107, 200)

Harris, Frank (1856 - 1931), Schriftsteller, Abenteurer, Redakteur und Herausgeber einer Zeitung. Der gebürtige Ire lebte in England, Amerika und Frankreich. (S. 86, 143, 146, 150)

Ikkyū Sōjun (1394 - 1481), japanischer Zen-Meister und Dichter. (S. 45)

Lawrence, David Herbert (1885 - 1930), englischer Romanschriftsteller, der aus einer Arbeiterfamilie in Nottinghamshire stammte. Zu seinen berühmtesten Werken zählen u.a. *Söhne und Liebhaber, Liebende Frauen* und *Lady Chatterley*. (S. 161, 162, 179)

Louÿs, Pierre (1870 - 1925), französischer Lyriker und Romanschriftsteller. Neben de Sade, Verlaine und Mirabeau gilt er als Meister der erotischen Literatur Frankreichs. (S. 13)

Lukrez (ca. 99 v. Chr - ca. 53 v. Chr.), römischer Dichter und Philosoph. (S. 26)

Martial (40 n. Chr. - ca 104 n. Chr.), römischer Dichter aus Bilbilis, der vor allem für seine Epigramme bekannt ist. (S. 28)

Mirabeau, Honoré Gabriel Victor de Riqueti (1749 - 1791), französischer Politiker, Schriftsteller und Publizist. Er beteiligte sich an der Französischen Revolution und nahm bis zu seinem Tod einflussreiche Positionen ein. (S. 117)

Scheik **Nefzaui** / Abū ʿAbdallāh Muḥammad an-Nafzāw (um 1400), tunesischer Schriftsteller mit universaler Bildung, bekannt für sein einziges Werk *Der duftende Garten,* verfasst im Auftrag des Großwesirs des Hafsiden-Herrschers Abd al-Aziz II. (reg. 1394 - 1433). (S. 49, 52)

Ovid (43 v. Chr. - ca. 17 n. Chr.), römischer Dichter. Er zählt neben Horaz und Vergil zu den drei großen Poeten der klassischen Epoche. Bekannt sind vor allem seine *Metamorphosen.* (S. 34, 35, 86)

Philippos von Thessalonike (1. Jh. n. Chr.), griechischer Dichter und Verfasser einer Anthologie der Epigrammatiker. (S. 37)

Platon (428 v. Chr. - ca. 348 v. Chr.), griechischer Philosoph und Schriftsteller aus Athen. Die Vielseitigkeit und Originalität seiner Leistungen als Denker und Schriftsteller machten ihn zu einer der bekanntesten und einflussreichsten Persönlichkeiten der Geistesgeschichte. (S. 21)

Sappho (zwischen 630 und 612 v. Chr. - ca. 570 v. Chr.), griechische Dichterin, die auf der Insel Lesbos lebte. Sie gilt als wichtigste Lyrikerin des klassischen

Altertums. In ihren Dichtungen, von denen nur ca.7 Prozent erhalten geblieben sind, spielt die erotische Liebe eine wesentliche Rolle. (S. 11)

Schilling, Friedrich Gustav /o. Zebedäus Kukuk (1766 - 1839), deutscher Dichter und Belletrist aus Dresden. Er publizierte vor allem Erzählungen und Romane. Bekannt ist er bis heute durch seinen erotischen Roman *Die Denkwürdigkeiten des Herrn v. H.* (S. 109)

Graf zu **Stolberg-Stolberg**, Christian (1748 - 1821), deutscher Übersetzer und Lyriker. (S. 9)

Vatsyayana Mallanaga (um 250 n. Chr.), indischer Autor des in der damaligen Gelehrtensprache Sanskrit verfassten *Kamasutras*. Über sein Leben ist sonst nichts bekannt. (S. 47)

Villani, Filippo (um 1325 - ca. 1405), italienischer Schriftsteller, Jurist und Geschichtsschreiber. In lateinischer Sprache verfasste er ein Werk über die Ursprünge von Florenz und das Leben bedeutender Persönlichkeiten. (S. 128)

Wilde, Oscar (1854 - 1900), englischer Dramatiker irischer Abstammung, einer der bekanntesten aber auch umstrittensten Schriftsteller seiner Zeit. Wegen Homosexualität zu zwei Jahren Zuchthaus verurteilt, lebte er nach der Haftentlassung im französischen Exil. (S. 154)

Wilkes, John (1727 -1797), englischer Journalist, Schriftsteller und Politiker in der Zeit der Aufklärung. (S. 93)

Whitman,Walt (1819 - 1892), US - amerikanischer Dichter. Er gilt als einer der einflussreichsten amerikanischen Lyriker des 19. Jahrhunderts. Sein berühmtestes Werk ist die Sammlung *Leaves of Grass* (*Grashalme*). (S. 172, 175)

Wittmann, Eva (1961) deutsche Schriftstellerin. Veröffentlichung erotischer Texte im Internet zu Beginn des Millenniums. (S. 153, 181)

Zola, Émile (1840 - 1902), französischer Romanschriftsteller, Maler und Journalist. Verfasser des Romanzyklus *Die Rougon-Macquart* (1871 - 1893), zu dem u. a. *Der Totschläger, Nana* und *Germinal* zählen. (S. 138)

Die Künstler

Abbasi, Reza (1570 - ca. 1635), persischer Maler, der schon früh an den Hof Schah Abbās I. berufen wurde. Er gilt als der bekannteste persische Miniaturmaler. (S. 51)

Avril, Édouard-Henri, oder Paul Avril (1849 - 1928), aus Algerien stammender französischer Maler und Grafiker. (S. 103, 132)

De **Backer**, Jacob (ca. 1555 - 1585), flämischer Maler und Zeichner, der zwischen 1571 und 1585 in Antwerpen tätig war. (S. 10)

Barbier, George (1882 - 1932), französischer Maler, Illustrator und Modeschöpfer des Art Déco. (S. 19)

Bartolozzi, Francesco (ca.1728 - 1813), italienischer Kupferstecher, Zeichner und Verleger. (S. 24)

Bellenger, Georges (1847 - 1918), französischer Maler und Lithograph. (S. 140)

Borel, Antoine (1743 - 1810), französischer Maler, Illustrator und Graveur (S. 81, 135)

Boucher, François (1703 - 1770), französischer Maler, Zeichner, Kupferstecher und Dekorateur des französischen Rokoko, dessen galante Welt er in lasziven, mythologischen, allegorischen und erotischen Motiven darstellte. Er war Hofmaler von Ludwig XV. und Günstling der Marquise de Pompadour. (S. 115, 116)

Brjullow, Karl Pavlovich /dt. auch **Brüllow** (1799 - 1852), russischer Maler und Architekt aus Sankt Petersburg. Er malte vorrangig Porträts, Monumentalgemälde, aber auch Genrebilder und Aquarelle. Er war der erste russische Maler, dem internationale Anerkennung zuteil wurde. (S. 87)

Carracci, Agostino (1557 - 1602), italienischer Maler und Kupferstecher. (S. 27)

Cranach, Lucas d. Ä. (1472 - 1553), deutscher Maler und Druckgrafiker der Renaissance. Als Hofmaler von Kurfürsten Friedrich III. leitete er ab 1505 eine höchst produktive Werkstatt in Wittenberg. (Titelbild)

Elluin, François Rolland (1745 - 1810), französischer Kupferstecher, bekannt für seine Illustrationen erotischer Werke. (S. 135)

Eugene, Frank (1865 - 1936), US-amerikanischer/deutscher Fotograf, Maler und Radierer, bedeutender Vertreter der künstlerischen Fotografie des Fin de Siècle. (S. 174)

Füssli, Johann Heinrich (1741 - 1825), in der Schweiz geborener Künstler, der in England lebte und arbeitete. (S. 92, 107, 108)

Goltzius, Hendrick (1558 - 1616), niederländischer Maler und Kupferstecher. (S. 8)

Klimt, Gustav (1862 - 1918), österreichischer Maler, einer der bekanntesten Vertreter des Wiener „Sezession" und der österreichischen Kunstbewegung der „ars nova". (S. 91, 170, 172, 173, 178, 185)

Lagrenée, Louis-Jean-François (1725 -1805), französischer Maler und Lehr-meister seines jüngeren Bruders Jean-Jacques. Insgesamt werden ihm über 400 Gemälde zugeschrieben. (S. 119)

Lagrenée Jean-Jacques (1739 -1821), französischer Maler und Zeichner. (S. 120)

Lequeu, Jean-Jacques (1757 - 1826), französischer Architekt und Zeichner. Sein Hauptwerk ist das nie veröffentlichte Buch *Architecture Civile*. Viele seiner Zeichnungen sind heute in der Bibliothèque nationale de France zu finden, einige als pornografisch eingestufte sind im Enfer einsortiert. (S. 69)

Nery, Ismael (1900 - 1934), brasilianischer Maler der Moderne. Er war Expressionist, Surrealist und Kubist. Zudem war er als Lyriker tätig. (S. 177)

Padovanino, eigentlich: **Varotari**, Alessandro (1588 - 1649), italienischer Maler aus Padua, ab 1614 hauptsächlich in Venedig tätig. (S. 139)

Ponce, Antonio (1608 - 1677), spanischer auf Stillleben spezialisierter Maler des Barock. (S. 68)

Raimondi, Marcantonio (1475 - 1534), italienischer Kupferstecher der Renaissance. Er stellte über 300 Stiche nach Werken zeitgenössischer Maler sowie von Kunstwerken der Antike her. Berühmt-berüchtigt sind die *modi*, nach den 16 erotischen Zeichnungen des Giulio Romano, für die Aretino seine berühmten *sonetti* schrieb. (S. 27)

Rembrandt (1606 - 1669), niederländischer Maler und Kupferstecher, herausragender holländischer Meister des siebzehnten Jahrhunderts. (S. 73)

Rowlandson, Thomas (1756 - 1827), englischer Maler und Karikaturist. (S. 111, 122)

Schiele, Egon (1890 - 1918), österreichischer Maler des Expressionismus, einer der bedeutendsten Künstler der Wiener Moderne. (S. 89, 180, 187)

Schmied, François-Louis (1873 - 1941), französischer Maler, Holzstecher, Drucker, Herausgeber, Illustrator und Buchbinder Schweizer Herkunft. Er gilt als bedeutender Künstler des Art-Déco, namentlich im Bereich der Bibliophilie. Er exilierte 1931 oder 1932 nach Marokko. (S. 19)

Solomon, Simeon (1840 - 1905), britischer Maler, beeinflusst von den Malern der italienischen Renaissance, insbesondere von Raffael. (S. 12)

Somow (auch Somoff / Somov), Konstantin (1869 - 1939), russischer Maler und Grafiker. (S. 97, 98)

Testa, Pietro (1611 - 1650), italienischer Maler, Zeichner, Radierer und Schriftsteller. Er schuf viele Zeichnungen und Radierungen mit allegorischen, religiösen und mythologischen Themen. (S. 22)

Tschirch, Egon (1889 - 1948), deutscher Maler und Gebrauchsgrafiker. Er gilt als einer der bedeutendsten Künstler Mecklenburgs. (S. 65)

Tuke, Henry Scott (1858 - 1929), englischer Maler, berühmt für seine *Nude Boys,* Pionier auf dem Gebiet der homosexuellen Kultur. (S. 158)

Utamaro, Kitagawa (1753 - 1806), japanischer Künstler, der vor allem für seine Farbholzschnitte berühmt wurde. (S. 46)

Wtewael, Joachim (1566 - 1638), niederländischer Maler aus Utrecht. (S. 4)

Zichy, Mihály (1827 - 1906), ungarischer Maler und Illustrator. (S. 145, 148, 149, 152, 160, 165)

Literaturnachweis

Antike Liebesgesänge

Anton Weiher (Hrsg.), *Homerische Hymnen,* München und Zürich 1989, S. 93.

Christian Graf zu Stolberg, aus: *Eros und Psyche,* in: *Gesammelte Werke der Brüder Christian und Friedrich Leopold Grafen zu Stolberg,* Band 2, Hamburg 1820, S. 29.

Gerold Dommermuth-Gudrich: *Die bekanntesten Mythen der griechischen Antike,* Hildesheim 2002, S. 274 f., 276.

Sappho: *Aphrodite,* Lied auf einer Scherbe, archive.li/uOLeC.

Pierre Louÿs: *Die Lieder der Bilitis,* Budapest 1900, S. 26, 30, 34, 37 ff., 43 ff., 56.

Bernhard Kytzler: *Platon - Das Höhlengleichnis,* Frankfurt a. M./ Leipzig 2009, S. 102 f., 108 f.

Platon: »Die Rede der Diotima«, aus: *Das Gastmahl von Platon,* Teil 2, in: Friedrich Schiller (Hrsg.), Neue Thalia, Leipzig 1792, S. 357 f., 359 f.

Meursius (Nicolas Chorier): *Die Gespräche der Aloisia Sigaea* (6. Gespräch: »Liebeskünste und Stellungen« sowie 7. Gespräch: »Fescenninen«), Berliner Ausgabe 2013 nach der deutschen Übertragung von H. Conradt, Leipzig 1903, S. 171, 239 ff.

Athenaios: *Deipnosophistai,* Buch 12, S. 544 ff., englische Übersetzung: www.attalus.org/old/athenaeus12b.html

Lukrez: *Von der Natur der Dinge,* in: Meursius a.a.O., 6. Gespräch.

Bernhard Kytzler schreibt über Elephantis u. Philainis, in: *Frauen der Antike,* Düsseldorf u. Zürich 2001, S.62, 132.

Elephantis im Vers aus: »Corpus Priapeorum 4«, in: *Carmina Priapea,* Bernhard Kytzler (Hrsg.), München 1978, S. 107.

Charlotte Hill, William Wallace: *Erotikon,* Köln 1999, S. 112, 114 (u. a. die Zitate zu »Hektors Pferd« von Aristophanes und Martial).

Jenifer Neils: *Die Frau in der Antike,* Stuttgart 2012, S. 40.

Reay Tannahill schreibt über antike Dildos in: *Kulturgeschichte der Erotik,* Wien/Hamburg 1982, S. 97 ff.

Carolin Fischer schreibt über Ovid in: *Gärten der Lust* - Eine Geschichte erregender Lektüre, Stuttgart 1997, S. 34, 56, 60 ff.

Ovidius Naso Publius, aus: *Ars amatoria,* hgb. von Niklas Holzberg, München 1988, II / 707 f., III / 793 ff.

Tina Hanke: *Im Zeichen des Priapus,* GRIN-ebook, 2004.

Karl Kerényi: »Von Priapos« in: *Die Mythologie der Griechen, Band 1,* München 1984, S. 140 f.

Bernhard Kytzler (Hrsg.): *Carmina Priapea - Gedichte an den Gartengott,* München 1978, S. 111 (10), 119 (25), 121 (28), 143 (66), 153 (77, 79).

Philippos von Thessalonike, aus: *Anthologia Graeca,* in: Kytzler a.a.O., S. 57.

Liebesschulung aus alten Handbüchern

Anonym: *Djin Ping Meh*, gekürzte Fassung nach der ersten vollständigen Original-übertragung aus dem Chinesischen durch die Brüder Otto und Arthur Kibat, Gütersloh, o. J., S. 50 (Gedicht), 89 ff.

Neue Züricher Zeitung: *Die Rückkehr der Konkubinen*, onlineartikel 2001.

Evamaria Glatz: *Wer war bloß Ikkyû Sôjun?* saekularerbuddhismus.org, 2014.

Reay Tannahill schreibt über die alten Sex-Handbücher in: *Kulturgeschichte der Erotik*, Wien/ Hamburg 1982, S. 211 ff., 332 ff.

Ikkyu Sojun: *Abschiedsgedicht, Wiedergeburt im Zeitalter Mirokus, Der Tau der Wollust*, aus: *Im Garten der schönen Shin. Die lästerlichen Gedichte des Zen-Meisters »Verrückte Wolke«*, in: Hill/ Wallace a.a.O, S. 55.

Carolin Fischer: *Gärten der Lust*, a.a.O., S. 63 ff.

Vātsyāyana Mallanaga: *Das Kāmasūtram des Vātsyāyana*, übersetzt von Richard Schmidt, Berlin 1922.

Amaru in: Hill/ Wallace a.a.O., S. 87.

Scheik Nefzaui: *Der duftende Garten des Scheich Nefzaui*, ungekürzte Ausg. nach der Übertragung von Sir Richard Burton, Hanau 1966, S. 99 ff., 196 ff., 257 ff.

Das Hohelied, aus: *Neue Jerusalemer Bibel*. Einheitsübersetzung: Freiburg i. Br. 2007, S. 908 ff.

Zwischen Lust und Sünde

Steffen Schnieders: *Sexualität im Mittelalter*, deutschland-im-mittelalter.de

Giovanni Boccaccio, aus: *Das Dekameron*, 3. Tag, 10. Geschichte, übersetzt von August W. Schlegel u. Karl Witte, Berlin 1958, in Hill/Wallace a.a.O, S. 40 ff.

Reay Tannahill schreibt über Sexualität und Kirche, a.a.O., S. 150 f.

Jean-Baptiste Boyer, Marquis d'Argens: *Die philosophische Therese oder Beiträge zur Geschichte des Paters Dirrag und des Fräuleins Eradice* nach der Übers. von Heinrich Conrad, Berliner Ausgabe 2013, S. 13 ff.

Ovid, aus: *Amores* III, 4, V. 17., wikiquote.org/wiki/Ovid.

Giacomo Casanova: *Abenteuer der Liebe - Erinnerungen des Giacomo Casanova*, Übersetzer Heinrich Conrad, Herausgeber Jürgen Beck, Altenmünster 2012, ebook 18. Kap.

Frank Harris: *Mein Leben und Lieben (My Life & Loves)*, Band 1 und 2, Flensburg 1965, S. 56 ff.

L'Age d'or

John Wilkes, aus: *Versuch über das Frauenzimmer*, in: Hill/Wallace a.a.O, S. 327.

Giacomo Casanova: *Erinnerungen aus galanter Zeit*, Borngräber-Ausgabe, Berlin ohne Jahr. S. 299 ff.

Carolin Fischer beleuchtet das goldene Zeitalter der Erotik, a.a.O., S. 163 ff.

John Cleland: *Fanny Hill - Memoiren eines Freudenmädchens*, übersetzt nach dem vollständigen Originaltext, Gütersloh ohne Jahr, S. 132 ff.

J. W. v. Goethe: *Römische Elegien*, aus: Gesammelte Werke in sieben Bänden, gutenberg.spiegel.de/buch/-3666/5 und gutenberg.spiegel.de/buch/-3666/18

Friedrich Gustav Schilling: *Die Denkwürdigkeiten des Herrn v. H.*, Berlin 2013, S. 113 ff, 116 f.

Anonym: *Die Schule der Frauen oder Philosophie der Damen*, in: Abraham Melzer (Hrsg.): *Erotikum - Anthologie erotischer Literatur aus Frankreich*, Köln 2004, S. 200 f., 207 ff.

Mirabeau, Honoré Gabriel de Riqueti: *Der gelüftete Vorhang oder Lauras Erziehung*, Frankfurt a. M. 1973, S. 26 ff.

Spielarten der Lust

Giacomo Casanova: *Ein hilfreiches Gewitter*, aus: *Geschichte meines Lebens*, Bd.1, übers. aus dem Französischen von Heinrich Conrad, Leipzig und Weimar 1983, S. 132 ff.

Filippo Villani, aus: *Vorrede*, in: Boccaccio: *Das Decameron*, Gütersloh, o. J., S. 7.

Giovanni Boccaccio: 9. Tag, 10. Geschichte: *Don Gianni stellt eine Beschwörung an, um Gevatter Pietros Frau in eine Stute zu verwandeln*, aus: *Das Decameron*, übers. v. Karl Witte: Berlin 2013, S. 480 ff.

John Cleland a.a.O., S. 193 ff.

Carolin Fischer beleuchtet ausführlich das erotische 19. Jahrh., a.a.O., S. 246 ff.

Émile Zolas *»Idee zu Nana«*, findet sich in: Hill/Wallace a.a.O., S. 301.

Émile Zola: *Nana*, Hrg. Georg Hobbing, Wiesbaden-Berlin o. J., S. 29 ff.

Frank Harris: *Mein Leben und Lieben*, Flensburg 1965, S. 219 ff., 227, 254, 478 ff.

Oscar Wilde: *Teleny*, Reinbek bei Hamburg 1991, S. 86 ff.

Eva Wittmann: aus: *Der Magier*, in: *Lust*, Privatdruck 1998, S. 43 ff.

Lord Alfred Douglas: aus: *Zwei Lieben*, in: Hill/ Wallace a.a.O., S. 378.

Auf den Schwingen der Liebe

D. H. Lawrence aus dem Vorwort der Pariser Ausgabe, in: Hill/Wallace a.a.O. S. 411.

D. H. Lawrence: *Lady Chatterley*, unzensierte 3. Fassung, Reinbek bei Hamburg 1967, S. 173 ff., 201, 264 ff., 456.

John Cleland a.a.O., S. 278 ff.

Walt Whitman, aus: *Kinder Adams*, in: *Grashalme*, Berlin 2014, S. 72 ff.

James E. Miller Jr.: *Sex and Sexuality*, whitmanarchive.org/criticism/current

Reay Tannahill schreibt über Karezza in der Oneida-Gemeinde, a.a.O., S. 429 ff.

Aldous Huxley, in: *Liebesrausch und Drogenfrieden*, die Zeit, 29. Juli 1994.

Frank Harris, a.a.O., S. 21 f., 22 f.

Eva Wittmann: *Es waren die Augen*, aus: *Urlaub allein*, Norderstedt 2017, S. 32 ff.

Bildnachweis

S.107 Johann Heinrich Füssli: Symplegma © PD
S.108 Johann Heinrich Füssli: Kallypyga © PD
S.111 Thomas Rowlandson: Intercourse on a couch © PD
S.115 François Boucher: Studie zu *schlafende Bacchanten* © PD
S.116 François Boucher: Gezeichneter Frauenakt © PD
S.119 Louis-Jean-François Lagrenée: Mars und Venus © PD
S.120 Jean-Jacques Lagrenée: Die zwei Freundinnen © PD.
S.122 Thomas Rowlandson: Modern Pygmalion © PD
S.127 J. Rozez: Gravur: Casanova prüft das Kondom © PD
S.132 Édouard-Henri Avril: Illustration zu Aretinos *sonetti lussuriosi* © PD
S.135 Borel/ Elluin: Illustration zu *Fanny Hill*, via drouo. com/lot/publicShow
S.139 Padovanino: Vulkan überrascht Venus und Mars © PD
S.140 Georges Bellenger: Nana im Spiegel © Bibliothèque nationale de France
S.145 Mihály Zichy: Bildzyklus *Liebe,* Blatt 12 © PD
S.148 Mihály Zichy: Bildzyklus *Liebe,* Blatt 36 © PD
S.149 Mihály Zichy: Bildzyklus *Liebe,* Blatt 4 © PD
S.152 Mihály Zichy: Bildzyklus *Liebe,* Blatt 9 © PD
S.158 Henry Scott Tuke: Portrait des Charlie Mitchell © PD
S.160 Mihály Zichy: Bildzyklus *Liebe,* Blatt 6 © PD
S.165 Mihály Zichy: Akt-Studie © PD
S.170 Gustav Klimt: Missionare © PD
S.172 Gustav Klimt: Umarmung © PD
S.173 Gustav Klimt: Missionare © PD
S.174 Frank Eugene: Paar-Akt/ Fotografie © PD
S.177 Ismael Nery: Liebende © PD
S.178 Gustav Klimt: Vorgebeugter Halbakt © PD
S.180 Egon Schiele: Liebespaar © PD
S.185 Gustav Klimt: Frau bei der Selbstbefriedigung © PD
S.187 Egon Schiele: Liegende Frau mit gespreizten Beinen © PD
S.200 Priapeischer Anhänger aus gegossener Kupferlegierung © PD
Umschlag: Lucas Cranach d. Ä.: Amor beklagt sich bei Venus © PD

Die mit PD/ Public Domain gekennzeichneten Werke sind Teil der freien
Mediensammlung Wikimedia Commons.

Dafür soll dir denn auch halbfuslang die prächtige Ruthe
Strozzen vom Mittel herauf, wenn es die Liebste gebeut.
Soll das Glied nicht ermüden, als bis ihr die Duzzend Figuren
Durchgenossen wie sie künstlich Philänis erfand.

Johann Wolfgang von Goethe
Römische Elegien, Nachträge IV